小顔が止まらない!

魔法の顔ほぐし

美容家
千波

下ぶくれで、ほうれい線くっきりの丸顔。
人生でいちばんダイエットしたときも、
顔だけはヤセられなかった。
「顔は骨格の問題だから変えられない」って
あきらめていたけど……。

[CASE1]
千波

Before

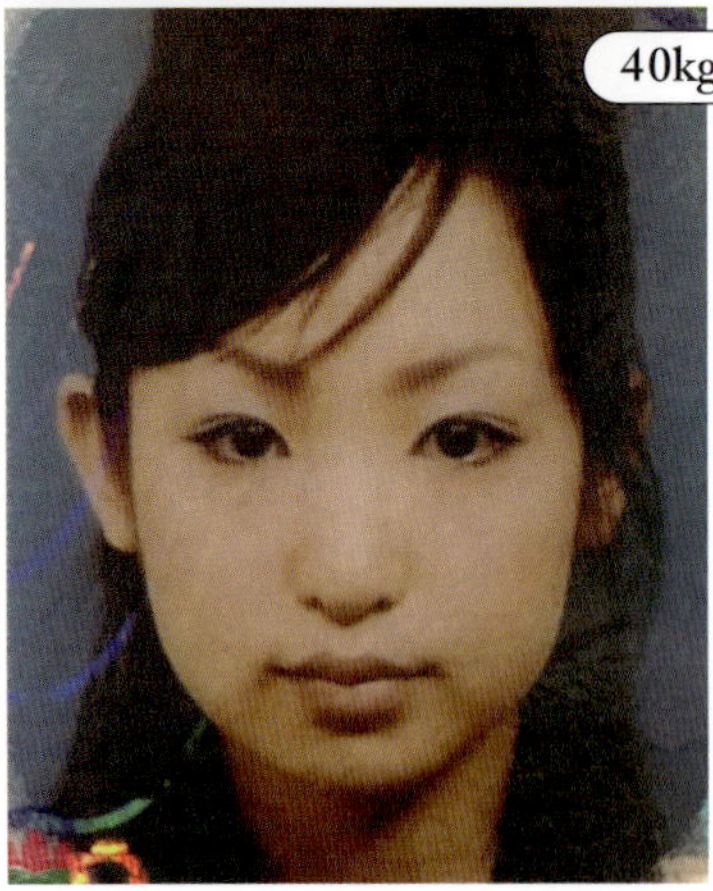

私は、昔の写真がほとんど残っていません。自分の顔が嫌い過ぎて、全部切り刻んでしまったから。そのくらい、私は「顔」にコンプレックスを持っていました。

そんな私でも「小顔だね」って
いわれる日がくるなんて

After

44kg 昔より体重が4kgプラスでも、今のほうがスッキリ。

セルフマッサージで変わる部位
第1位は、
ダントツ顔《フェイス》！

あなたの小顔ポテンシャルは
まだまだ上がる余地がある！

こんにちは、美容家の千波と申します。この小顔本の出版が決まったとき、「私は小顔です！」と自らいっているようなものなので、すごく恐縮していたのですが、「顔がデカい」という段階から、「小顔だね」といってもらえるようになったという振り幅の点では、誰にも負けないくらいの自信があると思い直しました。

私のビフォアー＆アフターのほかに、セミナーに通ってくださるクライアントさんの変化も本書でご紹介していますが、セルフケアでいちばん効果を出しやすい部位は、「顔」だと思っています。顔の変化って、たった3ミリでもすぐ気付くので、モチベーションを保ちやすく、続けやすいんです。

朝、鏡を見て、ちょっとでも「自分にOKを出せる顔」になれたら、明日もこのコンディションを保ちたいなって欲が出てくる。そんな小さな自信が、ちょっと楽しい1日につながって、まわりにも寛大になれて、良いサイクルを生む。だから、「顔ほぐし」は一度始

めたらやめられなくなるんです。
私は、ダイエットにしろ、小顔にしろ、いちばん大切なのはモチベーションだと思っています。どうか本書で、皆様の「小顔欲」に火が点きますように……！

ホントに！

1日10分、2週間で検証！ 小顔が止まらないんです!!

[CASE2]

tomoさん

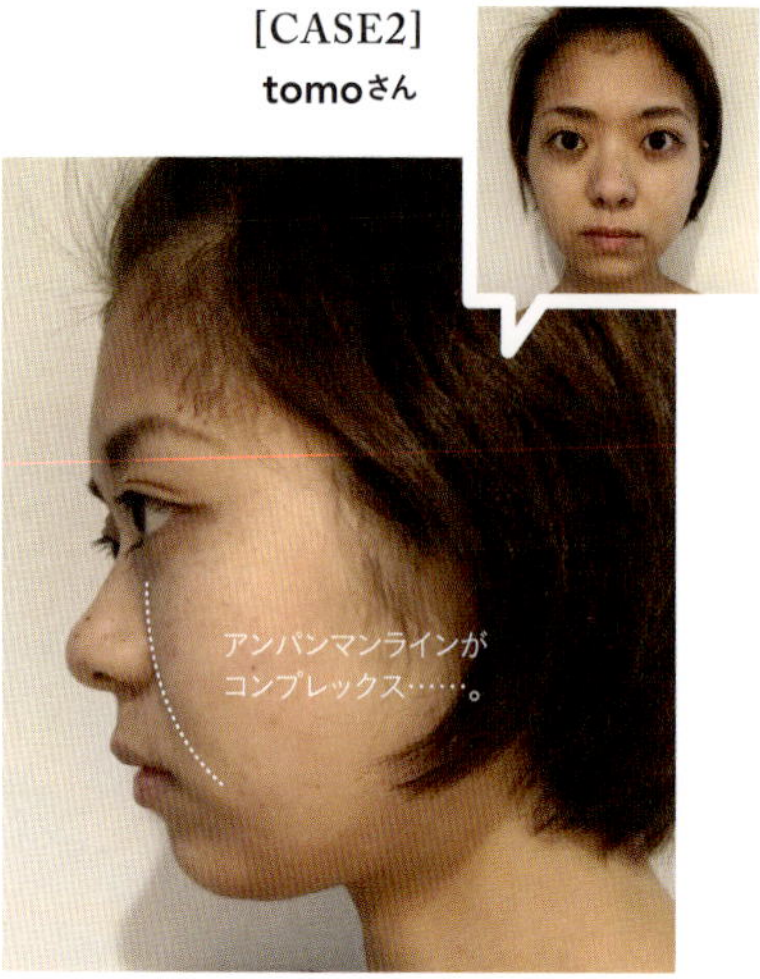
アンパンマンラインが
コンプレックス……。

正面から見るとヤセて見えるtomoさん。でも、横から見たときの“あごのもたつき”が気になるそう。あごの小さな女子は丸顔に見えがちなのも悩みですよね。

▼

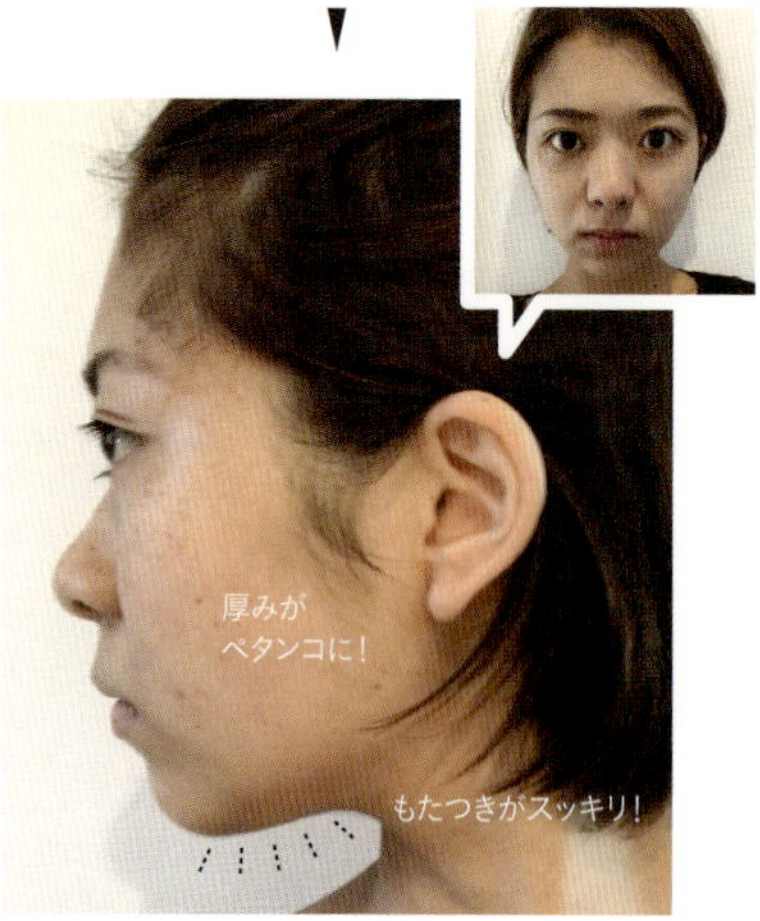
厚みが
ペタンコに！
もたつきがスッキリ！

朝と晩に5分ずつ「魔法の顔ほぐし」を丁寧に行ったところ、あごの下がスッキリ！ 頬の肉も薄くなってシャープな印象に。頬肉が減ることで鼻も高く見えるんです！

皆、ドンドン小顔に
なっています！

[CASE3]
まいまいさん

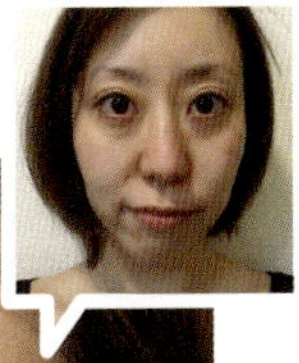
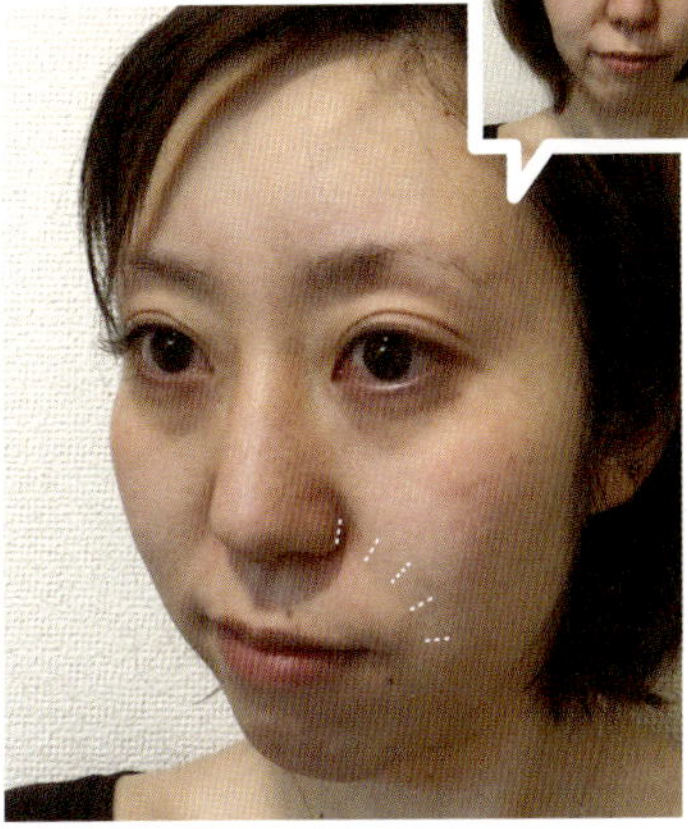

大きな瞳がステキですが、加齢とともに全体が下がってきたのがお悩み。たるむと顔に影ができるので年齢より上に見られることも多かったとか。

▼

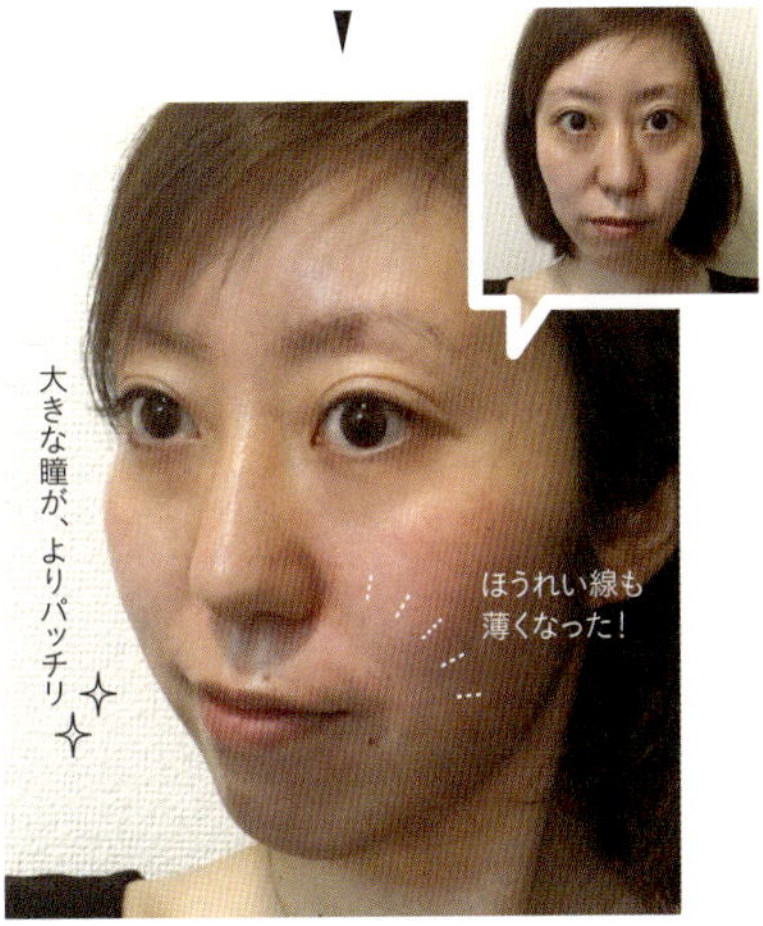
大きな瞳が、よりパッチリ
ほうれい線も
薄くなった！

顔が一回り小さくなりました。開始直後に目元がスッキリ。さらに2週間後には、お悩みの二重あごが解消。少しの差で、顔に疲れが見えないようになりました！

[CASE4]
いーちゃんさん

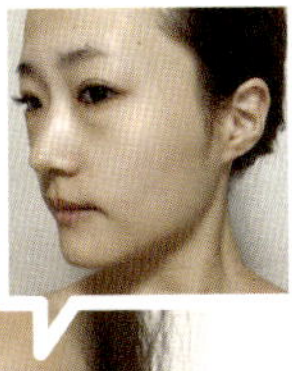
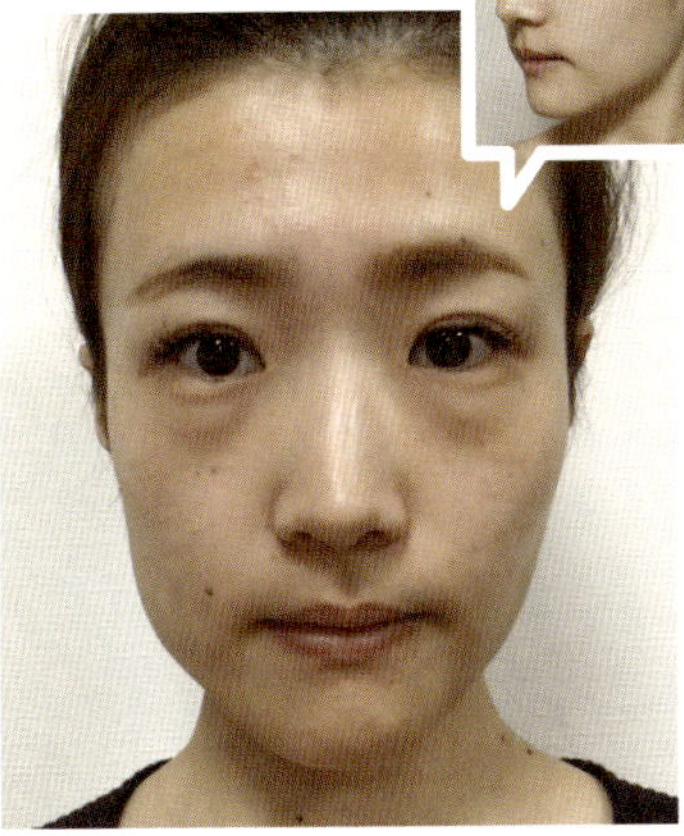

私の友人で人気インスタグラマー「いーちゃん」。エラ張り顔は遺伝で、「骨を削る以外に道はない」と思っていたそう。エラが気になるから髪もアップにできませんでした。

▼

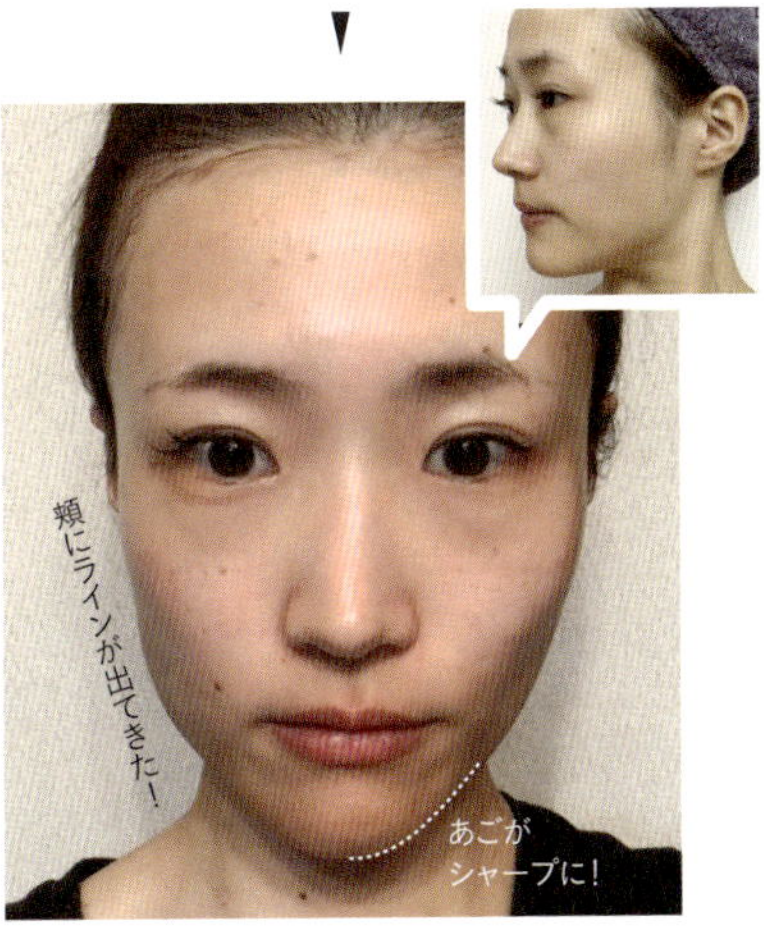
頬にラインが出てきた！
あごが
シャープに！

あごの下のセルフマッサージを始めて2週間。エラ張りが目立たないほど輪郭がスリムに。目や鼻まわりの肉付きもボリュームダウンし、パッチリ眼の美顔に変身！

Contents

1

Face Massage

「魔法の顔ほぐし」でみるみる小顔になれる理由

小顔になりたくて、たくさん勉強をしました。
顔が大きいって、なにが原因？
元エステティシャンの経験を活かし、
編み出した「千波式・魔法の顔ほぐし」。
まずはそのメカニズムからお伝えします。

これが！

ビッグフェイスの3大原因

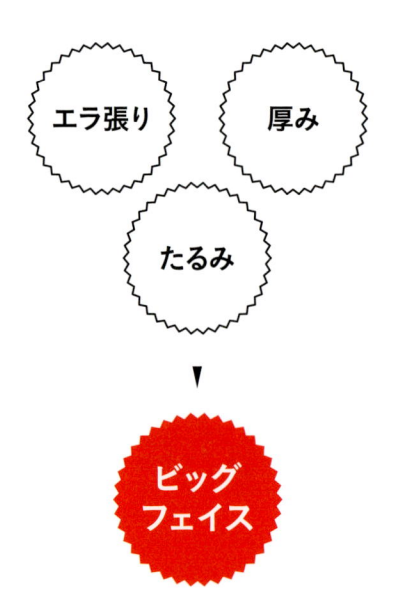

エラ張り

厚み

たるみ

▼

ビッグフェイス

厚み

老廃物が顔を肥大させる

頬が膨らみ、輪郭がぼやけ、パンパンに丸まった顔に見えてしまう「厚み顔」は、リンパ液が滞ることが原因です。リンパ液は、古い細胞や余分な脂肪などの老廃物を運ぶ働きを持ち、全身に張り巡らされた「リンパ管」を通ります。けれどリンパ管には、血管に対する心臓のような、ポンプ機能がありません。リンパ液は、呼吸や内臓の動き、筋肉の動きにともなってとてもゆっくり流れているため、肩や首が凝って筋肉の動きが悪くなると、リンパ液の流れも停滞してしまうのです。こうして出た老廃物が顔にたまっているのが「厚み顔」を生む原因です。

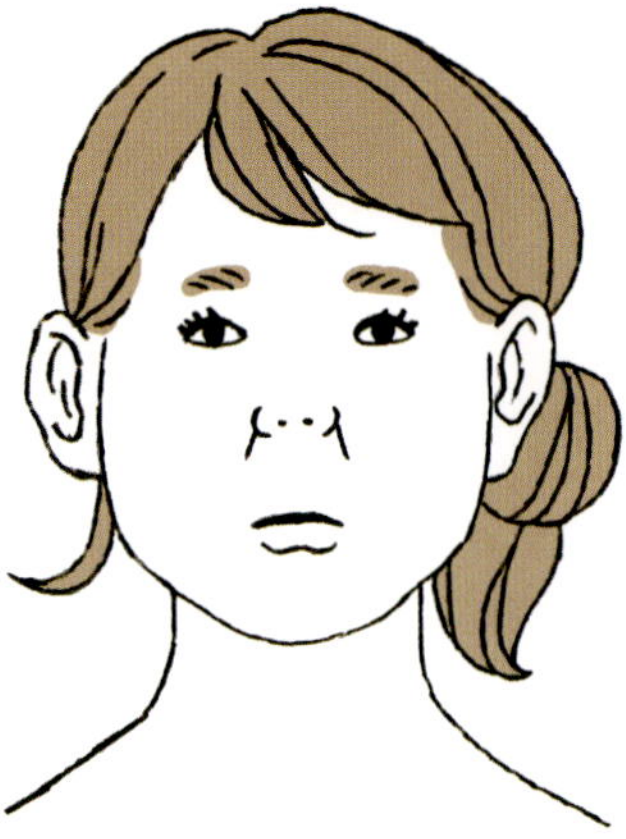

エラ張り

噛み締めグセで咬筋が発達

野球のホームベースのように、顔を大きく見せてしまう「エラ張り顔」。骨格の問題とあきらめている人が多いのですが、実は改善できるのです。エラ張りの原因は咬筋が凝って、盛り上がってしまうこと。では、なぜエラの筋肉が硬くなるのか。原因の第1位は「噛みグセ」です。硬いものを食べたり、歯を食いしばったり、歯ぎしりをするクセがあったりすると、筋肉が発達してしまいます。年中ガムを噛んでいる人は咬筋が凝っている可能性大。ただし、硬くなった筋肉は、力を入れてゴリゴリ押すと逆効果です。小顔のコツは、力の強さより、しっかりポイントへ指を入れること。

たるみ

頭皮がたるんで顔がたれ下がる

肉付きがいいわけでもなく、むくみでパンパンになっているわけでもない。なのに、どこか疲れた顔をしている「たるみ顔」は、頭皮のたるみが原因で起こります。頭皮にも血管とリンパ管が張り巡らされているので、ストレスや首、肩のコリによって血管とリンパ管が詰まりを起こすと、頭皮が膨張してしまいます。頭皮と顔の筋肉はもちろんつながっていますので、頭皮が1mm下がると目尻は3mm、口角は5mm下がるといわれているくらい、影響があります。さらに加齢が加わると、まぶたの皮膚が下がりやすくなり、目も小さく腫れぼったく見えてしまいます。

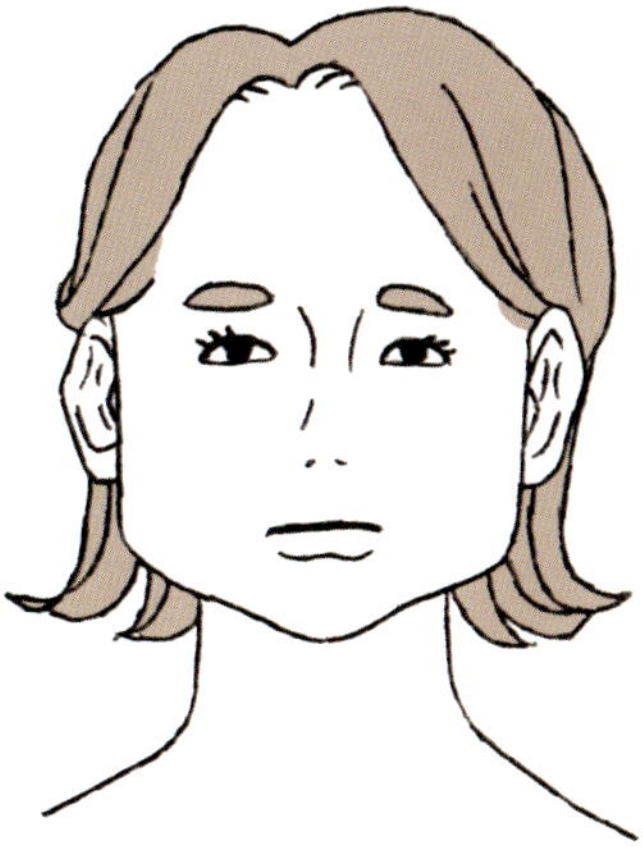

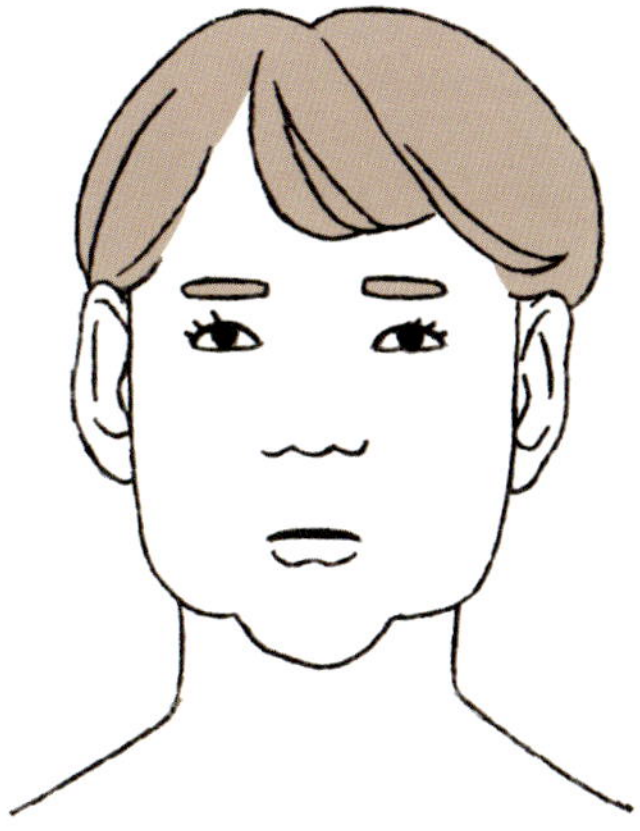

CHECK

[CHECK]
1
エラの横を押すと痛くありませんか？

滞り度 ★★☆

くぼみに指が
ちゃんと
入りますか？

耳の下にあるくぼみに指が入りますか？ ここを押すと痛かったり、指が入りにくかったりするのは、リンパ液を浄化する器官である「リンパ節」が滞っているからです。指が入りにくい人は、口を開けると、くぼみを感じやすくなります。

[CHECK]

2

頬骨の下に指が入りますか？

滞り度 ★★★

頬骨を
指の腹に沿わせて
みましょう！

ちょっとの力でも痛みを感じれば「厚み顔」確定。筋肉が凝っていたり、リンパ液がたまって盛り上がっていたりするはずです。「体はヤセていても顔だけ丸い」という悩みを持つ人に多い傾向があります。

メカニズム

どんな顔タイプでも「魔法の顔ほぐし」で効果が出る理由

厚み

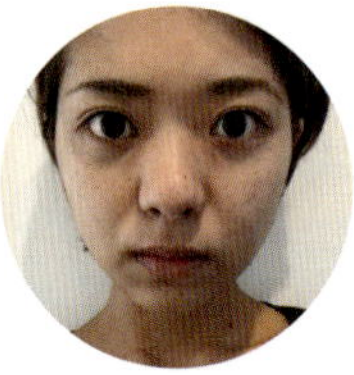

「厚み顔」タイプの人に「老廃物をため込んでいる」と伝えると、強い力でグイグイ押し流そうとしますが、むしろ逆効果。なでるように触る習慣こそが、小顔への最短ルートです。

この顔ほぐしに注目!

血行を促すSTEP2と老廃物を流すSTEP9を中心に行って、めぐりを全体的にUP⬆。厚み解消はもちろん顔色も明るくなります。

エラ張り

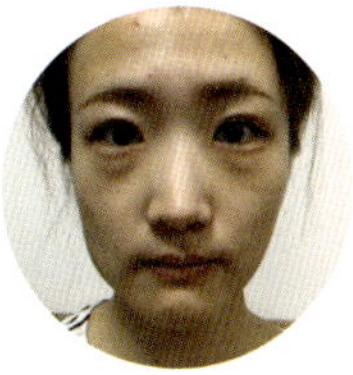

食いしばりや歯ぎしりによる咬筋の発達を解消します。リズミカルにもみほぐしましょう。また、できるだけ、左右両方の奥歯を均等に使って咀嚼するようにします。

たるみ

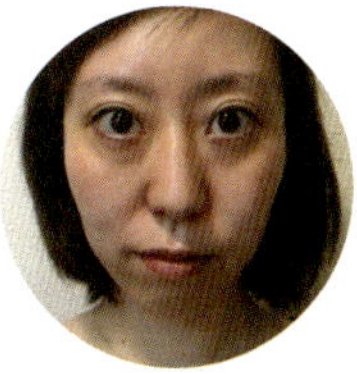

顔のたるみで気になるのは、フェイスライン。さらに、鼻や目の凹凸がボンヤリしてくるのを修正するとスッキリ見えます。また、56ページの頭皮ほぐしもプラスしましょう。

この顔ほぐしに注目!

エラをフォローするSTEP4とSTEP7に注目。発達した筋肉に強い圧を加えると逆効果なので、あくまで軽く。

この顔ほぐしに注目!

STEP3とSTEP6で底上げを。フェイスラインや鼻筋がハッキリするよう、きっちり目覚めさせます。

「魔法の顔ほぐし」の真実

強くこするとかえってリンパ液は流れない！

私は勉強のためさまざまなマッサージを体験していますが、なかでも印象深かったのが、骨に圧を加え、骨と骨の間にたまった老廃物などを取り除くというもの。すっごく痛かったんです！　でも終わっても、小顔になったようには見えませんでした。それもそのはず、力任せではリンパ液は、かえって流れにくいからです。

マッサージといえば、グイグイと力を込めて行わなければいけない、という思い込みを持っている人が多いようですが、「厚み顔」「たるみ顔」の元凶は、「リンパ液の停滞」です。また筋肉がこわばった「エラ張り顔」も、硬い筋肉がリンパ液の流れを阻害しているといえます。では、リンパ液の流れるリンパ管はどこにあると思いますか。それは皮膚のすぐ下です。

左下の図にあるように、表皮の厚さはせいぜいラップ1枚分（平均約0・

魔法の
顔ほぐしのコツ！

リンパ液の流れに圧力は不要！ 肌の上を「すーっとなでる」だけ

2ミリ）で、リンパ管はすぐ下に張り巡らされています。ここを通るリンパ液の流れを良くするには、肌の上を「すーっとなでる」だけ。肌がへこむ程度であっても力を入れてしまったら、かえってリンパの流れを阻害してしまいます。先ほどの、私が体験したゴリゴリと力で押すマッサージは、結果が出なかったのも当然です。力でコリはほぐせても、滞っていたリンパ液は流れないからです。「なでるだけ」なら特別なテクニックはいらず、しかもお金もかかりません。「魔法の顔ほぐし」はこの、リンパ液を流すなでるだけの方法がメインとなっているのです。

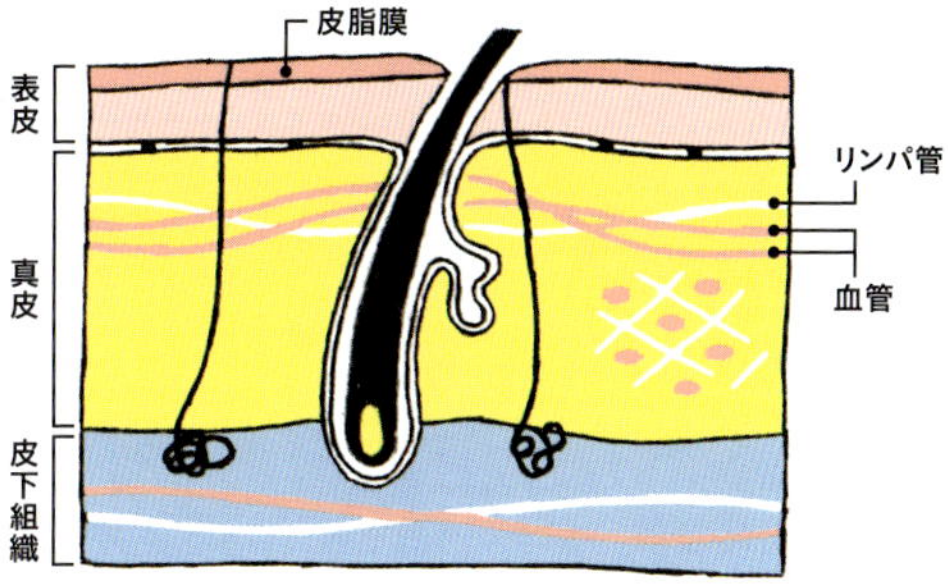

皮膚の構造を見ればわかります。リンパ管は表皮のすぐ下。ぎゅっと押したら管は潰れてしまい、かえって流れが滞ることに。

「魔法の顔ほぐし」の真実

脂肪の位置は動かない！強く肌を引っ張るのは意味ナシ

「魔法の顔ほぐし」に顔ヤセを期待する人もいるでしょう。でも、小顔マッサージでできることは、リンパの流れを促すこと、筋肉をほぐすこと、血流促進、少しの神経の刺激の4つ。あごについて下がった脂肪を上に引き上げることは、残念ながらできません。

逆に、小顔マッサージにしかできないことがあります。それがリンパ液の流れサポートです。

「老廃物を流すなら全身運動で」と思うかもしれませんが、運動は、静脈の流れは促進してくれても、リンパ液に与える影響は多くありません。「魔法の顔ほぐし」は、運動では得られないむくみ取りを実現することができます。

「魔法の顔ほぐし」の真実

小顔効果だけじゃない！肌質向上に感動する人、続々！

「魔法の顔ほぐし」の第一目的は小顔ですが、クライアントさんの多くが「肌がめっちゃキレイになったんです！」と報告してくださいます。なぜかというと、「魔法の顔ほぐし」は血行を促進するため、肌の血色がアップ。血行が良くなれば代謝も高まるため、ターンオーバーが促進され、ごわついていた肌のキメが整い、潤いとツヤが出てきます。

また、「魔法の顔ほぐし」には、摩擦を防ぐためにも、オイルやクリームが不可欠です。結果的に、入念に保湿することにもなり、肌質の改善が実感できるはず。油分と水分のバランスが整うため、すっぴんの自撮り写真にも透明感に差が出ます。

Try it!

「魔法の顔ほぐし」のお約束

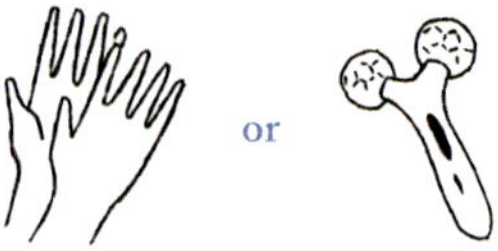

手で行っても
アイテムで行っても◎。
やりやすいほうでOKです！

カッサやリファなどのアイテムは、広い面積を一気に流せるので便利ですが、耳の下のくぼみなどの細かい部分には入りにくいかもしれません。私自身、「魔法の顔ほぐし」はスキンケアのついでに手で行っています。でも、アイテムを1つ持っていると、例えば電話中など、思考がオフ状態のときでも無意識にコロコロできるので、忙しい方にはなかなか役立つと思います。

「魔法の顔ほぐし」のお約束

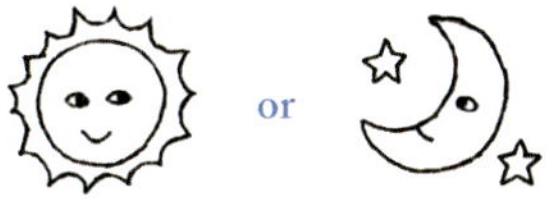

「魔法の顔ほぐし」は朝でも夜でも。両方できれば、なお良し！

夜は寝て過ごすため、朝は顔がむくみやすくなっています。一方で、夕方から夜にかけては、水分は下半身のほうへ下りて、くすみやすくなります。そのバランスを整えるためなのだから、朝でも夜でも、1日2回でも、好きな時間に行って大丈夫。時間帯を気にするよりは、ライフスタイルに合わせて無理のないところで、毎日継続できればベストです。

「魔法の顔ほぐし」のお約束

or

クリームやオイルは いろいろ試して お気に入りのものを！

いろいろ試していますが、私は今は「RMK Wトリートメントオイル」(➡P.69参照) を使っています。特別に「魔法の顔ほぐし」に向き不向きなものはないので、やわらかく、すべりやすいものならOK。乳液や、ホホバオイルなどの植物オイルも使えますが、植物オイルは質のいいものを選んでください。天然素材100%や、冷圧搾法(コールドプレス)で抽出されていることが、品質の指標となります。

Waku Waku♡

Recommended by Chinami

a. ビオオイル アルガンオイル 50mℓ、¥3,780／メルヴィータジャポン 03-5210-5723 **b.** POMフェイシャルオイル 59mℓ、税込¥8,208／ジョンマスターオーガニック 0120-207-217 **c.** RMK Wトリートメントオイル 50mℓ、¥4,320／RMK Division 0120-988-271 **d.** シンクロマッサージクリーム 55g、¥12,960／KADOMORI 06-4391-0358

2

Face Massage

朝・夜5分ずつ始めよう！「魔法の顔ほぐし」オールステップ

いよいよ「魔法の顔ほぐし」実践編です！
1日5分、できれば朝晩、行ってみてください。
最初はなかなか面倒に思えても、効果が出るのが早いため、
病み付きになる人、続出です♥

顔の厚みは正面からだと気付きにくい!?

横顔自撮りをチェック

「魔法の顔ほぐし」を始める前に、変化を記録するためにも、顔の厚みを客観的にチェックしてみましょう。そのためには、正面より〝横顔の自撮り〟をオススメします。結構衝撃的です（笑）。

セルフタイマーを使い、真正面、真横、斜め横45度の3か所から自分の顔を撮ってみましょう。「あごの下、こんなにたるんでいたの？」「横顔がアンパンマンみたいに分厚い！」とショックな発見がたくさんありますが、嬉しい変化も、自分では気づきにくい変化も、写真にはいち早く現れます。

自撮りは、カメラを安定したところに立て掛けて行うのがポイント。カメラを持って行うと、腕の高さによっては顔のラインに変化が出てしまうので避けましょう。レンズの高さと鼻の頭の位置を合わせると、角度ブレすることがありません。

POINT

- セルフタイマーを使う
- カメラは立てかける
- 鼻の位置にカメラを合わせる
- 撮る場所を1か所に決める

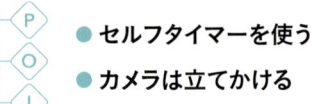

自撮りRule

[STEP1]

真横から

あごの下はたるんでいませんか?

真横から撮影するのは、「あごのライン」を確認するためです。真正面や斜めからでは、あごが隠れてよく見えません。写真で改めて見ると、普段、都合の良い角度から鏡を見ていたことに気づくはず。

[STEP2]

斜め横45度から

頬の肉厚具合をチェック!

斜めの角度からは、頬のむくみ具合、ほうれい線の深さをチェックしましょう。頬に厚みがあると、鼻が肉で埋もれ、平坦な顔立ちに見えます。また高さが出るぶん、ほうれい線にも影ができやすくなってしまいます。

Let's Start!

小顔が止まらない

5分で変わる魔法の顔ほぐし

ではさっそく、「魔法の顔ほぐし」に挑戦してみましょう。基本の動きは10ステップ。全部で5分程度です。寝坊した、疲れているなどの理由でその5分もしんどいときは、STEP1、STEP2だけでも行っておいて。必ずフェイシャル用のオイルかクリームを使用して、すべりを良くして行ってください。手が面倒なら道具を使うのもありです。しっかりと揉みほぐすパートは痛気持ちいいくらいの強さで、リンパを流すパートはやさしくなで上げるように行うのが成功のコツ★

初めてトライする方へ

フェイシャルなら
あずき大が基本♪

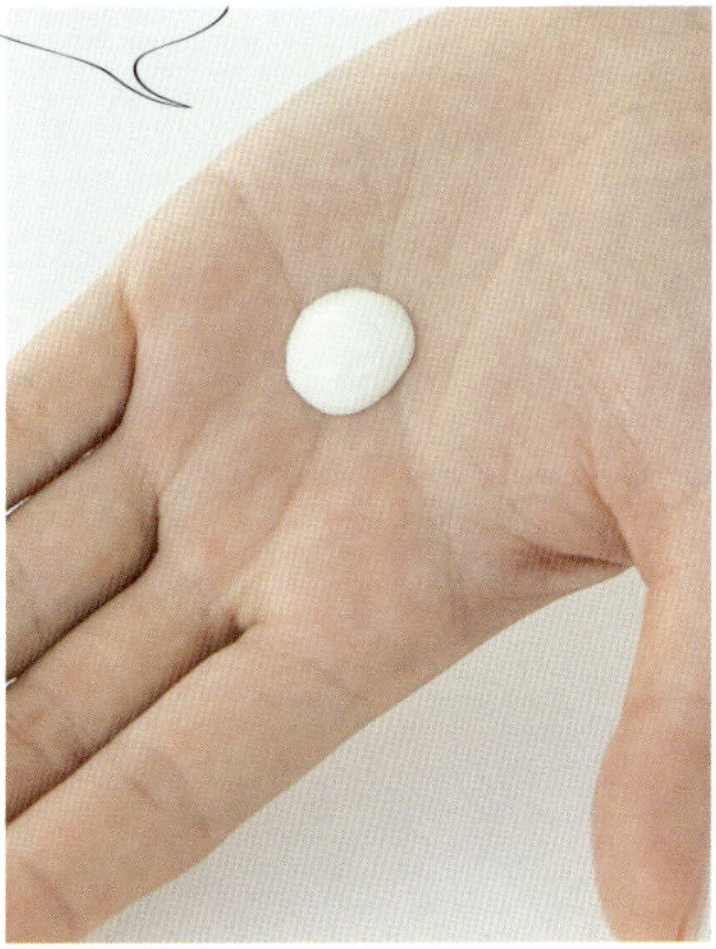

モチベが大切♥

[POINT2]

クリームやオイルの力ですべりを良くしよう！

「魔法の顔ほぐし」の天敵は摩擦。肌にダメージを与えてしまいます。クリームやオイルを手に取ってマッサージしましょう。「あずき1粒大」が目安ですが、少なかったり摩擦を感じたりしたら、途中でもどんどん追加して行いましょう。

[POINT1]

半顔ずつやって効果を実感してみよう！

「魔法の顔ほぐし」は続けることが大切。毎日行うために必要なモチベーションは、「効果を実感」すると高まります。まずは「顔半分」だけ行ってみて！ まゆ毛の高さ、頬やフェイスラインの様子……手を掛けることで生まれた変化を見逃さないように！

[STEP]
1

胸鎖乳突筋を
親指と残りの指でしっかりつかむ

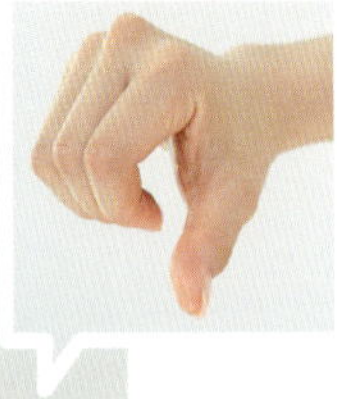

つまんで上から下へと
10回揉みほぐす

「魔法の顔ほぐし」の最初は、顔デカに影響する、首や肩のコリをほぐします。顔を横に向けたとき、首筋に浮く太い筋が、胸鎖乳突筋。親指と残りの指で挟んで、しっかりとほぐします。

上から下へ
10もみ

1

[STEP]
2

人さし指と中指で 耳を挟んでくるくる回す

2

前回りに10回
後回りに10回

両手を耳に当てて人さし指と中指で挟み、前回しに10回、後回しに10回。これだけでもぽっと暖かくなり、血行が促進されます。

前、後ろ 各10回し

[STEP]
3

あご下のたるみを直撃！
フェイスラインをぐっと引き上げて

指があごの
骨を感じる
くらいの強さで

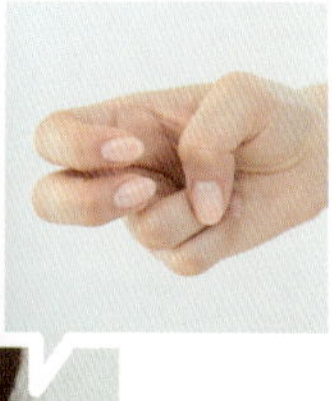

人さし指と中指の第一関節で あごのラインをしっかり引き上げる

全10STEPのなかで、いちばん強めに行います。人さし指と中指の第一関節をあご先に当て、耳の下に向かってぐっと引き上げていきます。全部で10回。効果が現われやすい部位です。

下から上へ 10回

3

[STEP]
4

耳の下の空洞に
指をしっかり入れてほぐす

4

少し強めに入れられれば
むくみも取れる

人さし指だけを立てて関節を折り曲げ、第一関節から先を耳の下、エラ裏のくぼみにぐっと押し込みます。リンパ節をほぐすには、これがいちばん。続けるうちに、痛みを感じないようになってきます。

ぐーっと
10秒
くらい

[STEP]

5

頬骨を刺激し押し流す

親指でツボを刺激

痛いのはむくんでいる証拠
続けることで解消して

親指を立てて頬骨の下に指を少しだけ食い込ませます。そのまま親指を、頬骨に沿って顔の外側にスライド。むくんでいる人は痛みますが、少し強めに押したほうが、効果アリ。痛気持ちいい刺激で10回流して。

内から外へ
10回流す

[STEP]
6

鼻のキワからまゆ頭へ
中指の腹を使い押し上げる

6

鼻筋を通し、目の印象を強く
顔のセンターのむくみを解消

小鼻のキワにあるツボを起点にまゆ頭まで、鼻筋に沿ってさすり上げます。ここも痛気持ちいいくらいの強さで◎。頬の厚みが取れて鼻筋がハッキリとし、目が大きく見える効果があります。

下から上へ
10回流す

[STEP]
7

咬筋をほぐす

4本の指を細かくバラバラに動かして

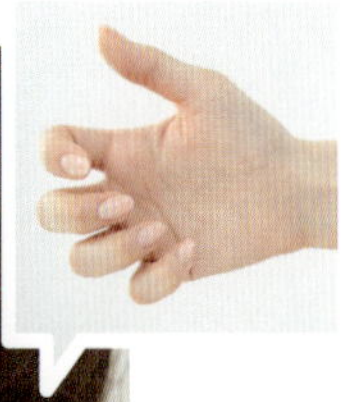

硬く盛り上がった筋肉を
ゆるい力で揉む

親指以外の指を軽く曲げ、関節をエラに当てて、やさしくほぐす。4本の指を別々に動かすようにして軽い力でもみほぐして。力を入れ過ぎると筋肉が緊張してしまうので、やさしく気持ちいい程度の圧力で。

やさしく
20秒
ほぐす

[STEP]
8

まゆ毛の上から生え際まで
おでこ全体を回しほぐす

8

親指以外の第一関節を使い、内から外へ向けてほぐす

❶は、まゆ頭からまゆ尻にかけて、まゆ毛の上を中指と薬指が通るよう横移動。❷は、おでこの中央、❸は、髪の毛の生え際あたり、最後は❹のラインを通りこめかみの下に流す。手の動かし方はSTEP7と共通。

❶〜❹
各5回

[STEP]
9

頬から耳までリンパを流す

手のひらを大きく使う

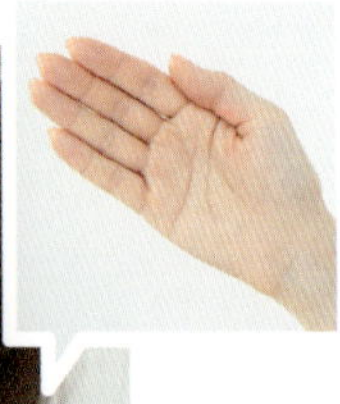

老廃物をリンパ節に運ぶ大切なプロセス

仕上げは老廃物を軽く流す動作。手のひらで頬を包むようにして、スーッとなでるように耳元まで引き上げ、耳の下になで下ろします。耳まできたら、胸鎖乳突筋→鎖骨へと流します。

頬
↓
耳
↓
胸鎖乳突筋
↓
鎖骨
の順で
10回

9

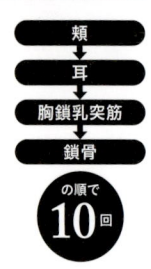

[STEP]
10

おでこ全体のリンパも流れを促す

ひたいの中央から耳の下へ

10

手のひら全体で
浅く気持ちいい程度の圧を

最後におでこもフォロー。手のひらを広げてひたいに当て、こめかみを通過して耳下へ流します。手の力をほどよく抜いて、手の重さだけで流す感覚で。上から下へ、リンパ液とともに老廃物が流れていきます。

おでこ
↓
耳下
↓
胸鎖乳突筋
↓
鎖骨
の順で
10回

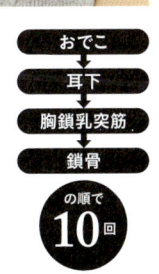

習慣にしたい人のための総ざらい！
「魔法の顔ほぐし」How toまとめ

手の動かし方が身についてきたら、このページだけ開いて手順をチェック。
時間がない日は、次ページに掲載した短縮メニューでもOKです。

[STEP5] 頬骨デトックス

[STEP6] 鼻筋クッキリ

[STEP7] エラほぐし

[STEP8] おでこほぐし

[STEP2] 耳挟みまわし

Start!

[STEP1] 胸鎖乳突筋

[STEP3] フェイスライン

[STEP4] エラの下ほぐし

Finish!

[STEP10] おでこから全体流し

[STEP9] マスクゾーン流し

Warning!

時間がない！

寝坊した朝でも ココだけは！ 30秒ほぐしテク

寝坊した朝、疲れた夜、とてもじゃないけど、「魔法の顔ほぐし」なんていう余裕がない！ そんなときは、**STEP1**と**STEP2**だけ、それぞれたった30秒でOKです。これだけでも血色がアップし、メイクののりも良くなります。ただし、次からはきちんと全10STEP行うようにしてくださいね。2STEPのみ行うのはあくまでも時間がないとき。効果が出ないとまではいえませんが、小顔を目指すには時間がかかります。

1 minute

忙しい朝でも、ササッとここだけ！

1
minute

[STEP1]

むくみ顔対策に
胸鎖乳突筋ほぐし

首のコリは顔のたるみの原因にもなるので、この部分のめぐりを良くすることが、小顔への最短ルート。メイクを気にせずできるので、外出先で行ってもOKです。

30秒

[STEP2]

一気に血色UP！
くすみを飛ばす、耳挟み回し

耳の周辺にはたくさんのリンパ節があるので、疲れた顔を一気に血色上げするなら耳挟み回しがベスト。軽い力で前後にくるくると10回ずつ。薄いチークをオンしたような、明るい肌に。

30秒

疲れた… 今すぐ寝たい!!

そんなときこそアイテムに頼ろう！

リファ編

セルフマッサージに欠かせないアイテム、リファ。ソーラーパネルから光を取り込み微弱電流“マイクロカレント”を発生。私がなにより気に入っているのは、この肌触り、そして吸い付き。一度コロコロ転がすとやめられません♪

リファエスカラットReFa S CARAT
¥15,600／MTG 0120-467-222

疲れた夜でも、リファでここだけ！

1
minute

[STEP1]

頬を内側から
外側へコロコロ

口元を起点に耳へ向かって、リファを30秒ほど転がします。リファは「ながら」ができるのが最大の利点。電話しながら、TVを見ながら、コロコロ転がすのを習慣にしましょう。

30秒

[STEP2]

小刻みに転がして
横ジワを予防

おでこもリファならすごく簡単にお手入れできます。リファを小刻みに動かして、おでこ全体をまんべんなく転がしましょう。圧の調整も必要がないから、すごくラクです。これだけで目がパッチリ開きます。

30秒

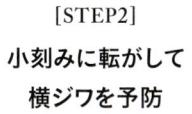

KADOMORI カッサ ¥2,268／KADOMORI 06-4391-0358

指が入らない　細かいところも

そんな場所こそアイテムに頼ろう！

かっさ編

広い面となめらかな突起を両端に持つのがかっさの特長。広い面ではおでこや頬などをほぐし、突起を使ってエラの下などの細かい場所をフォローしましょう。マッサージオイルですべりを良くし、ムダな力を入れずにサッとなでるようにほぐします。

疲れた夜でも、かっさでここだけ！

1 minute

[STEP1]

おでこや頬の リンパ液をサラリと流す

広い面を利用して、おでこや頬のリンパ液を流します。頬は口元から耳の方向に、おでこは中心からこめかみに向けて、いずれにせよ内側から外側にスライドします。サラリとなでるような感覚で。

30秒

[STEP2]

エラ裏のツボに ぴったりフィット★

「魔法の顔ほぐし」のSTEP4には、かっさの細い先端部分が最適。痛くない程度にぐりぐりと押したら、あとは手を使って、胸鎖乳突筋から鎖骨、肩口までを流しましょう。老廃物の詰まりを解消します。

30秒

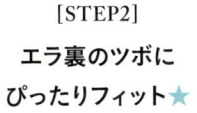

COLUMN

まさか頭皮でこんなに変わるなんて見た目年齢、マイナス5歳!?

小顔ケアに「頭皮が関係している」と気づいたのは数年前のこと。あるサロンのヘッドスパを終えたあと、驚くほど目の位置が上がって顔がスッキリ見えたんです。それ以来、朝起きてすぐ、メイク前、仕事で一休みしたとき……。気づくとすぐに頭皮をほぐすようにしてきました。

実は私は、ダイエットのストレスで自律神経失調症になり、薄毛に悩まされていました。薄毛治療に病院へ通ったくらい薄かったのです。

ところが頭皮ほぐしを始めたら、美容院でも「髪が多いですね」といわれるくらいに！　ハリやツヤも戻ってきました。もちろんその頃はトレーニングや食事改善などにも取り組んでいましたが、薄毛を解決したのは血行改善や新陳代謝が高まった「頭皮ほぐし」のおかげだと思っています。

小顔効果があって髪の状態も良くなる「頭皮ほぐし」は、見た目年齢の〝若返り〟が期待できます。ぜひ、「魔法の顔ほぐし」と一緒に取り組んでみてください。

for Face Lift UP

起点から引き上げる!

たるみ対策「頭皮ほぐし」でリフトアップ

頭皮のたるみは顔のたるみの原因にもなります。つまり、頭皮を改善すれば顔の印象も同時に変わります。軽く揉みほぐしただけで、まゆ毛の位置が上がる、眠たそうな目がパッチリ見開くようになる、というような劇的な変化が実感できるのです。手を上に上げたままでいるのが疲れる場合、寝転びながらやってもOK。私は、朝目覚めて、起き上がる前に頭皮をほぐします。すっきり起きられるようにもなりますよ♪

[STEP]
1
耳まわりから
頭頂に向かってまんべんなく

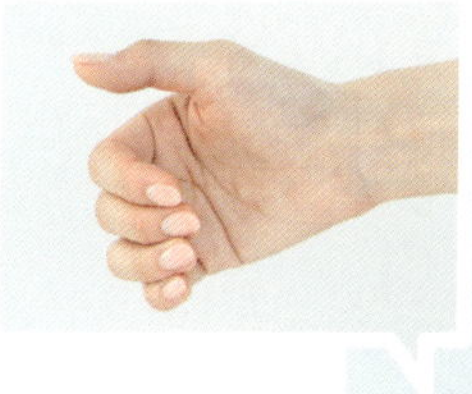

1

4本の指を折り曲げて第一関節を使う

親指以外の指を曲げ、耳の裏側から頭頂にかけて、頭のサイドをもみほぐします。第一関節を当て、頭皮を動かしながら筋肉をもみほぐしましょう。下から上へとまんべんなく、30秒ほど行ってください。

[STEP]
2
頭の後ろをまんべんなく てっぺんも忘れずに

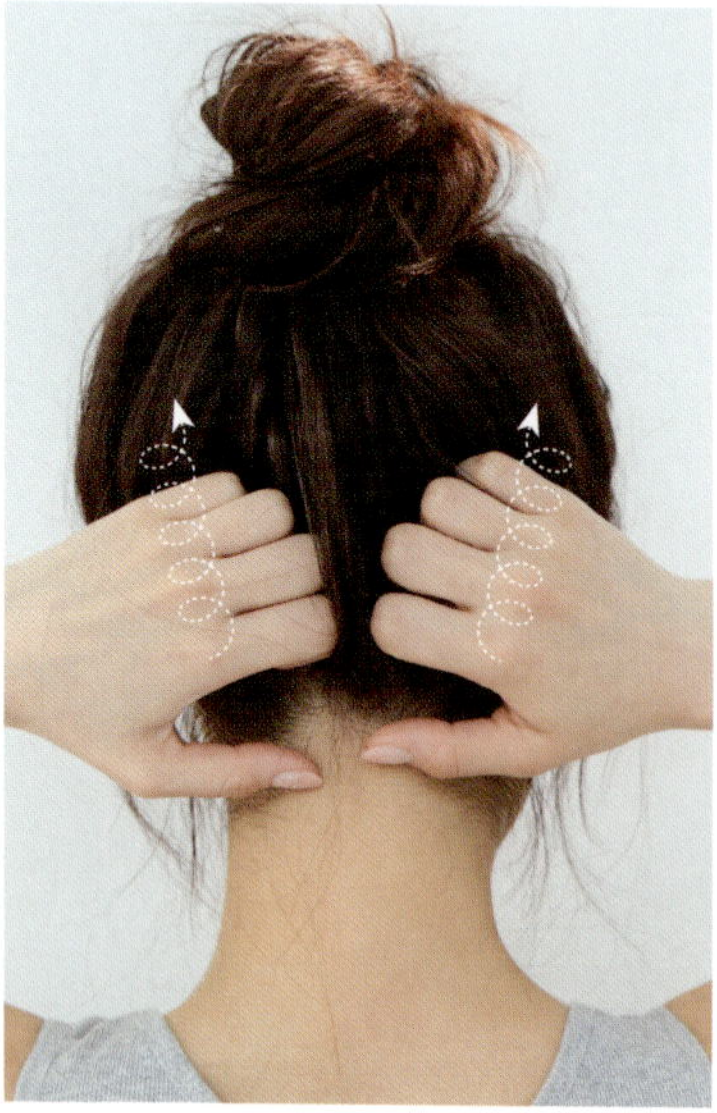

2

後頭部も同様に痛気持ちいい程度の力で

次に、頭の後ろの部分を、頭頂部に向かって揉み上げていきます。手技は同じように、曲げた親指以外の4本の指の第一関節を、バラバラに動かします。下から上、内から外に向かってまんべんなく触りましょう。

[STEP]
3

仕上げは手のひらを広げて頭皮全体を引っ張り上げる

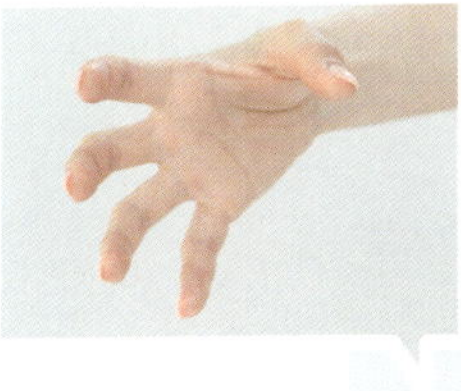

3

指は固定し、頭皮を引っ張り上げる

頭皮を引き離すようなイメージで、指の腹で頭皮を軽くつかみます。耳の裏、うなじ付近から頭頂部に向かい、頭全体を行います。STEP1、2でもみほぐした頭皮を、今度は引っ張り上げるようなイメージです。

「炭酸ガス」で小顔化が加速する！

現在、「炭酸ガス」スキンケアがマイブーム！　というのも、運命のパックに出会ってしまったから。私が愛用しているのは「エニシー グローパック」。塗って20～30分乾かすタイプのパックです。

炭酸ガスというと、パチパチと刺激があると思われるかもしれませんが、これはパチパチしません。細かい気泡がじんわりと作用して、まるで湯上りのようにほんのりと、頬が上気します。

1度使っただけで肌が明るく引き締まったのですが、続けていくうちにむくみが改善され、肌ツヤがアップ。化粧のりも断然違ってきます。使い続けて2か月経つ頃には自分でも思わず鏡を2度見するほどに若返って見えました。

この炭酸ガスパック、実は小顔効果もあります。というのも、血行が促進されるため、ターンオーバーが高まるからです。古い細胞を捨て、つまりを解消し、めぐりが良くなるため、美肌だけでなく小顔効果も加速するのです。

炭酸ガスが皮膚本来の働きを活性化させ、細胞の1つひとつに酸素を送り込む。「自活力」を整えるスキンケア。
エニシー グローパック 40g×10包、税込¥19,440／リズム 0120-364-367

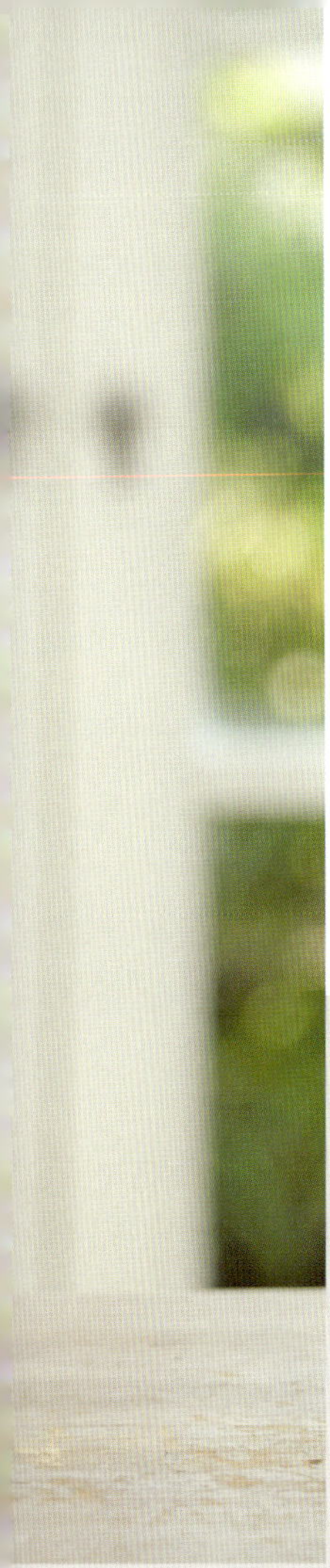

炭酸ガスのライン使いで むくみしらずの めぐりの良い身体をゲット！

「エニシー グローパック」で炭酸ガスコスメにすっかりハマり、この頃の私は、まるで炭酸ガスコスメおたく。洗顔には「マイクロバブルウォッシュ」、小鼻のケアには「クリアジェルパック」、頭皮ほぐしには「クラッキングセラム」と使いまくっています♥ とくに「マイクロバブルウォッシュ」は、洗顔の際、30秒ほど顔に載せたままにしてから洗い流すだけで、肌がきゅっと引き締まります。

また、「バイカーボタブレット」もお気に入り。炭酸ガスのお風呂で全身がスッキリしますよ★

お風呂のなかで
全身美容も

お湯のなかでも安定して存在できる「重炭酸イオン」の力で、高濃度炭酸浴が実現。
プロージョン バイカーボタブレット 15g×20錠、税込¥2,138／MTG 0120-467-222

左からプロージョン クラッキングセラム 160g、¥2,592／プロージョン マイクロバブルウォッシュ 160g、税込¥4,104／プロージョン クリアジェルパック 40㎖、税込¥3,564／すべてMTG 0120-467-222

Beauty Technique

Face Massage

Beauty Course

千波の美容塾

私がよく聞かれる普段の美容法を、ここで一度まとめてみました♥ ただしアイテムは、皆さんに効果をお伝えするために、その都度別のものを試しています。変わることもありますので、参考までに。

Make-Up Academy

ブラッシング編

頭皮と顔はつながっているので、洗髪をする前に、ブラッシングもするようにしています。頭皮をブラシでほぐして、血流やリンパ液の流れを促進させます。汚れも浮きやすくなるのでオススメです。やり方は56ページでご紹介した「頭皮ほぐし」とだいたい同じで下から上へ。耳の横から頭頂へ向かって、後頭部はうなじから頭頂へブラッシングしていきます。

私はいただいたブラシを使っていますが、お好みでいいと思います。ただし、静電気が起こると髪を傷めるので、髪にやさしい素材のものをオススメします。

注意したいのは強さ。頭皮もやはり皮膚の一部なので、あまりゴシゴシと強い力を加えてしまっては、刺激になり、良くありません。毛がしっかり頭皮に当たるくらいの圧で、やさしくといてあげてください。

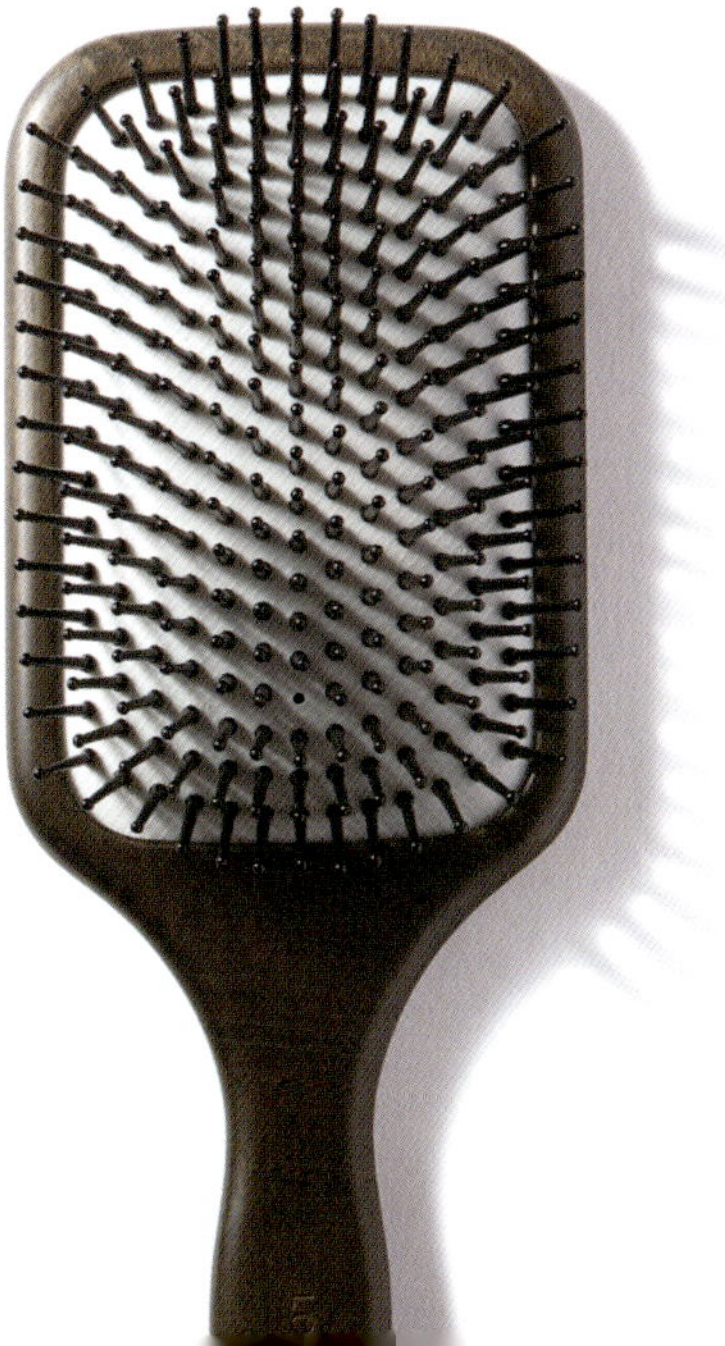

スキンケア編

スキンケアにはいちばんいろいろなアイテムを使用していますが、私が特に気を付けているのは、油分と水分の補充とバランス。この本で紹介している「魔法の顔ほぐし」ではクリームやオイルを使用していますが、夜に使用した後、そのまま寝てしまうのであれば、オフする必要はありません。ベタベタが気になる、あるいは朝の「魔法の顔ほぐし」後にメイクをするなどといった場合は、油分を落とし、水分を入れて調整します。油分は、化粧水をたっぷり染み込ませたコットンで肌をパッティングして、オフします。手のひらを顔に付けたとき、吸い付くように持ち上がる程度が、もっともバランスのいい状態です。肌を触ったとき、手がヌルッとすべるなら、まだ油分が多いのでオフしたほうがいいでしょう。

オイルやクリームによっては、洗顔しないといつまでも落ちないものもあります。気になるのであれば、乳液を使うとサッパリします。

メイク編

メイクも職業柄、いろんなブランドを試しています。なかでも今のお気に入りは「RMK リクイドファンデーション」です。なぜならナチュラルな「ツヤ肌」を意識しているから。このファンデーションは「薄付き」かつ「ナチュラルなツヤ」に仕上がるため、お気に入りです。特に「魔法の顔ほぐし」で「RMK Wトリートメントオイル」を使用したあとにこのリキッドを使うと、やわらかいツヤ肌に仕上がります。

下地を薄く塗ったあとに、ファンデーションをあずき大くらい出して、鼻を中心にブラシでサッと塗ります。ほうれい線にはダマになりやすいので、塗りません。仕上げのパウダーは、夏にTゾーンだけにはたく程度です。

(左)RMK リクイドファンデーション30㎖ ¥4,860、(右)RMK ファンデーションブラシ N ¥3,024／RMK Division 0120-988-271

千波式 朝スキンケア

How to

[化粧水]

十分な水分を
パッティングで丁寧に入れて

化粧水でコットンを十分に湿らせて、顔全体をパッティング。その後もう一度手のひらに化粧水を取り、やさしく押さえるようにして、しっとりと湿るくらいまで肌に入れ込んでいきます。

エニシー プレップミスト 100㎖、税込¥6,804／リズム 0120-364-367

[洗顔]

炭酸効果で寝起き顔を
シャッキリ引き締め！

炭酸ガスの洗顔料を使用しています。両手にたっぷりと取り、贅沢に顔に載せて、30秒ほど放置します。これだけでも顔がすっきりとして、フェイスラインが引き締まります。ぜひ、お試しを。

プロージョン マイクロバブルウォッシュ 160g、税込¥4,104／MTG 0120-467-222

[オイル]

仕上げはお気に入りのオイルで ピカピカ★のツヤ肌に

最後に「魔法の顔ほぐし」を「RMK Wトリートメントオイル」で行います。この前で使用するオバジCもオイルに似たテクスチャーなので、付き過ぎたな、と思ったときはコットンを使ってオフしています。

RMK Wトリートメントオイル 50㎖、¥4,320／RMK Division 0120-988-271

[美容液]

美容液で 美白および毛穴ケアを

「オバジC」で、美白ケア、毛穴ケアを行います。こっくりした使いごこちでしっかりとしたケアが期待できるからです。テクスチャーにも好みがありますので、いろいろ試してみてください。

オバジ C20セラム 15㎖、¥8,640／オバジコール 03-5442-6098

千波式 夜スキンケア

How to

[パック]

パックはできるだけいいものを お気に入りは「炭酸ガス」パック

パック剤は、スペシャルケアとして、妥協せずにいいものを選んでいます。60ページでも紹介した「エニシー グローパック」は、本当にオススメ！ 1回でも結果は目に見えますが、2か月続けたときは顔が小さくなりました。

エニシー グローパック 40g×10包、税込¥19,440／リズム 0120-364-367

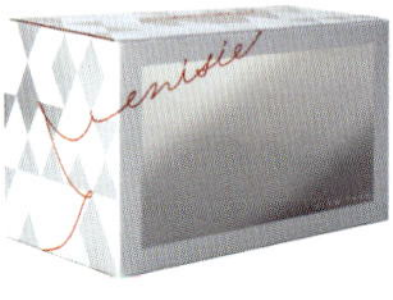

[クレンジング]

メイクとともに 日中の疲れもオフします！

クレンジングはほっとするひととき。そのため、クレンジング剤は、使用感や香りにこだわって選びたいですよね。マツエクをしているときはオイルはNGなど、バームとオイルを使い分けています。

テイク ザ デイ オフ クレンジング バーム 110g、税込¥4,104／テイク ザ デイ オフ クレンジング オイル 200mℓ、税込¥4,104／すべてクリニーク 03-5251-3541

[クリーム]

仕上げはクリームで「魔法の顔ほぐし」を

たっぷりと使用して、「魔法の顔ほぐし」を。気になるようならオフしてもかまいませんが、保湿目的ならそのまま寝ます。塗るだけでリフトアップ効果が期待できるカドモリのマッサージクリームを愛用しています。

シンクロ マッサージクリーム 55g、¥12,960／KADOMORI 06-4391-0358

[化粧水]

少ししっとりめの化粧水で肌をしっかり休める

夜の化粧水は、少ししっとりめの「エンビロンC-クエンス」を使用しています。ラインで、同じエンビロンのC-クエンスクリームを載せることもあります。肌を休める目的で、たっぷりと使いましょう。

エンビロン C-クエンス 135mℓ、¥16,200／エンビロン C-クエンスクリーム 35mℓ、¥12,960／すべてエンビロン（プロティア・ジャパン） 0120-085-048

「魔法の顔ほぐし」の真実

「魔法の顔ほぐし」はシワや色素沈着の原因にはならない!

セルフマッサージを行うことで、「シミ・シワができるのでは?」と心配する人もいます。でも、「魔法の顔ほぐし」にそんな心配は無用です。

シミの原因は「色素沈着」です。摩擦など、強い刺激が肌にかかったとき、その刺激から肌を守ろうとしてメラニン色素が活性化されますが、通常、メラニン色素は、肌のターンオーバーとともに垢となって排出されます。ただし、加齢などが原因でターンオーバーが乱れると、排出機能が衰えるため、これが色素沈着の原因となります。

「魔法の顔ほぐし」では、オイルやクリームを必ず使うので、摩擦は起きません。気を付けるとすれば、力の入れ加減。なでるように、やさしく流すの

が基本です。

次にシワですが、本来マッサージでシワはできません。ただし、シワができる方向に力を入れる、例えばほうれい線を内側に寄せるなど、肌に〝シワヨセ〟ができるような圧を加えたりはしないほうがいいでしょう。

実はシワの原因は、もっと根本的。肌表面にできる小ジワの、原因の多くは紫外線と乾燥です。また、肌の深く、真皮にまでシワが刻まれる場合は、加齢によるコラーゲン不足など、皮膚組織のバランスその他が影響します。

「魔法の顔ほぐし」は下から上、内から外にむかって、やさしくなでるように行います。シミやシワなどは心配しなくてOK。むしろ、見違えるほど改善します！


魔法の顔ほぐしのコツ！

力を入れないから摩擦も起きない むしろ代謝を活発にして肌には◎

マスクをすると美人に見えるのは

口元が最も年齢の出やすいパーツだから

「マスク依存症」なんて言葉があるくらい、みんなマスクが大好きです。女性って、目元を美しく見せる術は十分に知っているものの、顔の下半分、とくに口元のケアには無頓着だったりしますよね。

でも、口元こそ、目より年齢を映し出してしまう、放っておくとキケンなパーツ。ほうれい線はもちろん、口角が下がる、口元が前突する、鼻の下が伸びてくる（！）……など、マスクで見て見ぬふりをしている間に〝だらしない口元〟は加速していってしまうのです。

私は、口元のアンチエイジングという意味でも、「魔法の顔ほぐし」は有効だと思っていて、実際に昔より、口元がキュッと上がり、笑顔が上手になりました。ですので、ぜひ、毎日5分の「魔法の顔ほぐし」を行ってみてください。

印象は下半分で決まる！

マスクを外すと、まず目に入ってくる頬と口元の印象が見た目を大きく左右します。

マスクをしていると、ちょっとほっそり見える効果もあります。

COLUMN

美肌も下半分が命 ほっぺのツルンがあればいい

顔の印象を大きく左右するマスクゾーン。そのため私はむくみや大きさ、厚みだけではなくて、肌質も意識しています。ポイントはツヤ感★

美肌に見せるコツは、「ツヤ」。そして、マスクゾーンに輝くような透明感と「ツヤ」があれば、ほかは多少荒れていても目立ちません。それほど頬は大切なパーツなのです。

だから私は、マスクゾーンのコンディションを整えるためのお手入れを、毎晩行っています。ここの状態がいいというだけで、1日中テンションが上がっちゃいます♥

逆にたるんで毛穴が開いていたりしたら、もう出かけたくない。それこそマスクが必要です（笑）。

「魔法の顔ほぐし」と小顔矯正の違いってなに？

小顔矯正は、頭蓋骨のつなぎ目である「縫合部」を詰めるような施術法です。詰めるといっても1㎜動くか動かないか程度。「魔法の顔ほぐし」は、自宅で自分でできるセルフマッサージです。

「魔法の顔ほぐし」Q&A

「魔法の顔ほぐし」で気になるあんな疑問やこんな悩み。ここでまとめて質問にお答えします。安心して取り組んで、みんなでキュートな小顔になっちゃいましょう♥

「魔法の顔ほぐし」を始めたらニキビができました。なぜ？

「魔法の顔ほぐし」で老廃物が流れるため、好転反応としてニキビができることがあります。ただし、安いオイルが原因で肌が荒れることもあります。不安なら医師にご相談を。

下ぶくれが悩み やっぱり ダイエットも必要？

30歳以下で、エラのコリや、頬や頭皮のむくみをケアしても改善されない、あるいはBMIの値で太り気味の場合は、ダイエットも必要です。一方30歳以降は加齢によるたるみが原因。頭皮のケアを念入りに。

頭皮ほぐしは シャンプーと一緒に 行っても大丈夫？

シャンプーは髪と頭皮の洗浄剤。長時間皮膚に載せるとそれだけで刺激になります。また、泡立てが不十分だと皮膚を傷つけることに。結果として毛根まで傷めて、髪が薄くなることも。オススメしません。

オイルやクリームを 使用したあと ベタベタにならない？

オイルやクリームは使った後に化粧水でオフすれば、不快感を残しません。コットンにたっぷりの化粧水を取ってパッティングを。肌に手を載せ、吸い付くようになるまで続けます。

3
Trial 2 weeks

小顔が本当に止まらないか体験してみた

大人気インスタグラマーのいーちゃんが、今回も協力してくれました！
実はずっとエラが気になっていたといういーちゃん。
「魔法の顔ほぐし」でどこまで理想の自分に近づけるか、
2週間のチャレンジ、実録です！

Trial 2 weeks

8万人
のフォロワーを持つ

大人気インスタグラマー

いーちゃん
小顔への道

産後太りでMax70kgもあった体重を、千波さんの指導のもと、47kgまで減量。23kgもヤセて一躍、人気インスタグラマーとなった「いーちゃん」。このダイエットの成功で美容への意識が高まったといいます。そんないーちゃんがこのたび取り組んだのが「魔法の顔ほぐし」。実はいーちゃん、顔には深刻な悩みがあったそう。それは小さい頃から変わらない「エラ張り顔」。体重は減らせても、「骨格」は変えられないと思い込んでいたそうです。ところが、エラ張り改善のセルフマッサージを実施したところ、変化が出てきたのです！ いーちゃんが気を付けたことは、「毎日続ける」ということ。2人のお子さんを育てながらどう時間を確保していったのでしょう。千波さんと「魔法の顔ほぐし」に励んだ2週間の戦いの日々を振り返ってもらいました。

フォロワー8万人！
xxiichanxx
いーちゃんとは本当にいろいろなことをチャレンジしてきたね！
今回の小顔体験でも私のなかの「ちな神話」は高まりました♥

Profile

千波さんの、高校時代の部活動の先輩。2015年にインスタグラムを開始。産後太りから千波さんのサポートで20kg減量し、そのダイエットの様子をリアルタイムで発信。反響を呼びインフルエンサーとなる。

xxiichanxx

Interview

顔がデカいのは遺伝、骨格だから仕方ないと思っていた

顔ほぐしの小顔効果でなりたい自分に

小さい頃からエラ張り顔で、これだけはどうにもならないと思っていました。いくらちな（千波さんのコト）が私をヤセさせることができたって、顔の形は遺伝。骨格なんだから、骨を削るしかない、って。けど、ちなが「人がいちばん見るのは顔だよ。第一印象に直結するよ」というから、チャレンジしてみる気になったんです。

でも、ダイエットもまだまだ継続中で、気持ちの余裕があまりなくて。するとちなが「気が乗らないのにイヤイヤやったって効果が出ないから、まずできることから」っていってくれて、「魔法の顔ほぐし」のSTEP4「あご下（フェイスライン）を押す」から取り組むことになったのです。

最初のうちは押すだけで痛くて。それがだんだん気持ちよくなっていったあたりから、STEP7のエラほぐしを加えたり、噛みグセを治したりする方法が追加されました。

実はこの「魔法の顔ほぐし」、私は精神的につらく感じました。だって、ダイエットに比べて、結果がわかりにくい！「全然変わらない」ってちなに泣きついたこともありました。でも、「大丈夫。やったことはムダにならないよ」って勇気づけられてなんとかがんばりました。

2週間後の写真を見てみてください。目やまゆの位置が高くなって、エラもすっきりしていますよね。また、オイルを使っていたからか、乾燥肌が改善して、肌がきめ細やかになったみたい。心なしかライトアップして、これでまた、なりたい自分に一歩近づくことができました♥

Trial 2 weeks
いーちゃんの2週間顔ほぐし

夜はリファで
コロコロ!

1st days

夜30秒

朝30秒

今日から
本気出す!!

めんどくさがり屋のいーちゃんは
合計1分だけ からスタート!

STEP4だけ
朝晩の洗顔の際にトライ

ダイエットに比べるといまいち気が進まなくて、やることをSTEP4だけに絞ってもらいました。手でもリファでもOK。その代わりこれだけは、絶対にやる!そう決めて、「魔法の顔ほぐし」をスタート★

[昨日]

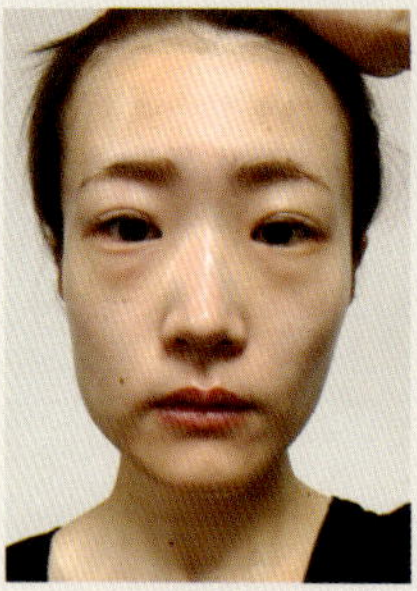

[今日]

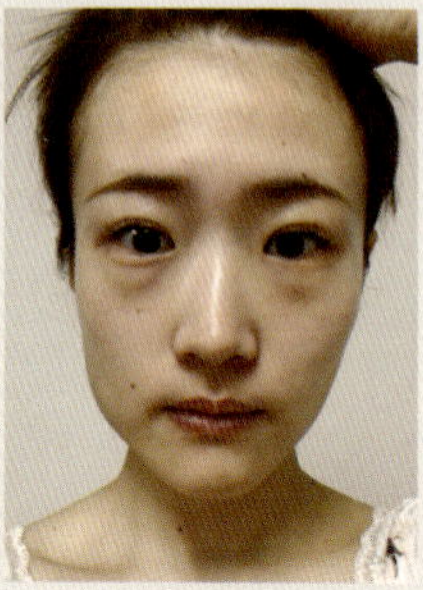

2nd days

痛い……
ハッキリいって、痛い

いろいろ滞っていたのでしょうか、意外と痛いんです。指がうまく入っていかないというか、うまくすべらないというか。本当にこんなことで小顔になるのかと、不安になりながら眠りにつく。

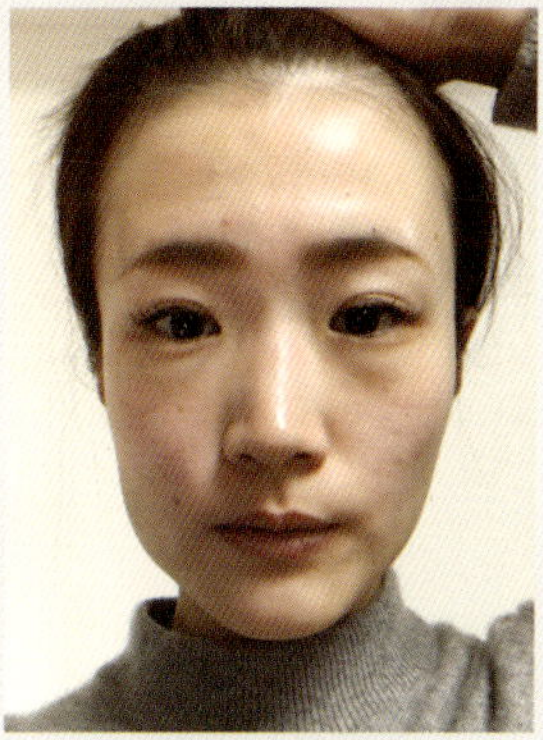

少し痛みに
慣れたかな？

3rd days

あれれ？
たった3日目なのに変化が

いつものように耳の下に指を当てたら、「あれ？ 痛くない」。ほぐれたのかな、という実感もあって、嬉しかった。次の日もやっぱり痛くなかったので、さっそくちなに報告♪

5th days

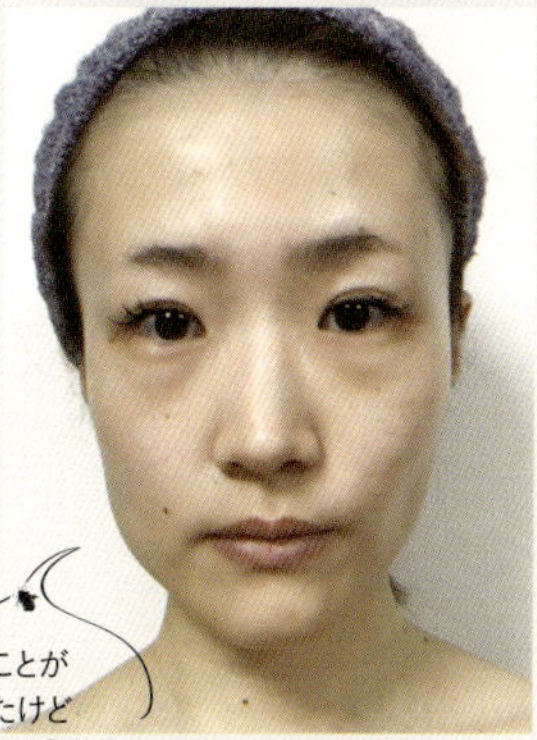

やることが
増えたけど
楽しくなってきた★

ミッションが増えた
マジですか……

さすが、ちな、容赦ない（笑）。「痛くなくなった」と告げたら、さっそくSTEP7追加。ここで「エラほぐし」投入。けど、いちばんの悩みにシュートしている気がして、若干やる気が出る（笑）。

7th days

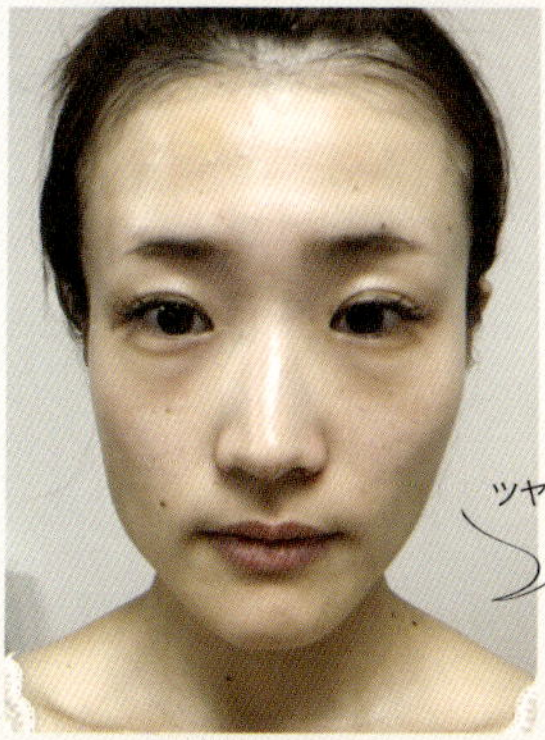

肌に
ツヤが……!!

小顔よりも
肌質改善が目覚しい

写真で見てもわかるように、この頃から、肌質がしっとりし始めています。「魔法の顔ほぐし」に使っているオイルが合っていたんでしょうか。鏡を見るのが楽しみに★

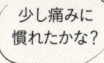

Trial 2 weeks
いーちゃんの
2週間顔ほぐし

8th days

エラにシュート
張り切ってGo！

エラほぐし、力が入り過ぎてちなに注意された。心地よい程度にほぐすほうがいいらしい。あご下みたいに続ければ痛くならないのかと思ってたけど、間違いらしい。

[AFTER]

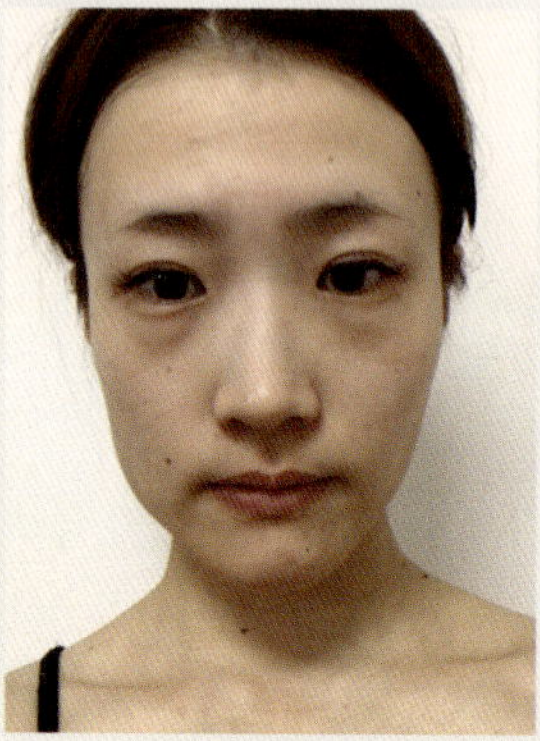

[BEFORE]

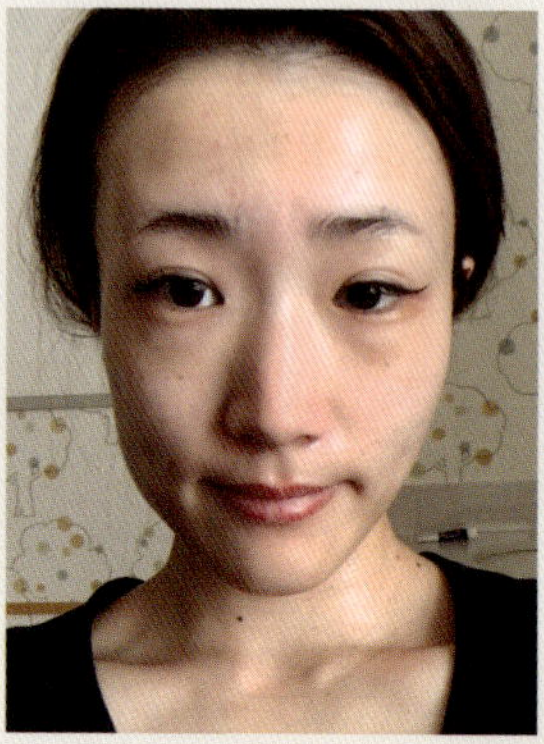

なんだかあんまり変わらないような……。肌はキレイになったような気がするけど。後半は噛みグセにも注意しました！

ああ……
早く結果が
出ないかなー

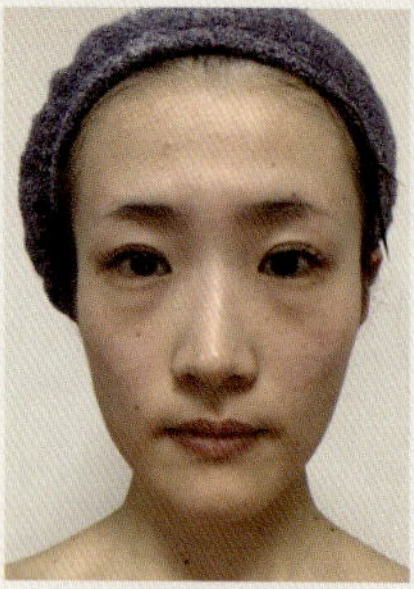

9th days

エラの疲れが
取れ始めた！

エラほぐしがとても気持ちよく感じる。気のせいか、食事時も噛むのがラクになったかも。あごも疲れているのかな。疲れが取れるだけでも嬉しい。

やったことは
ムダには
ならないよ♥

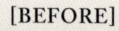

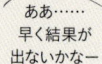

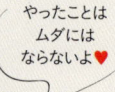

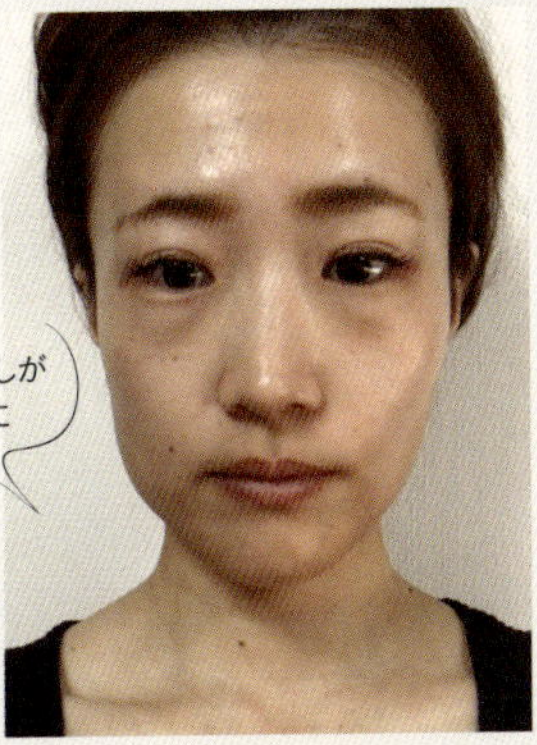

コリほぐしが
習慣に

10th days

「顔ほぐし」が習慣に
自然にあご下に手が行く

続けていくと、ストレスフリーになってきた。もう、顔を触るのが当たり前、揉みほぐすのが当たり前。逆にやらないとなにか忘れたような気になる。こうなったらもう、大丈夫。

12th days

ゴールは近い。
いや、通過点？

ちなと約束した2週間チャレンジの終了も近い。でも、どう？ 結構変わってきたような。1か月、3か月、続ければ続けただけ変わるかも。

14th days

達成！
この瞬間、最高です♥

初日の写真と比べる、この瞬間がなにより好き。どうですか、小顔になっているっていってもいいですか？ うん、自分ではいってもいいと思う！

14th day

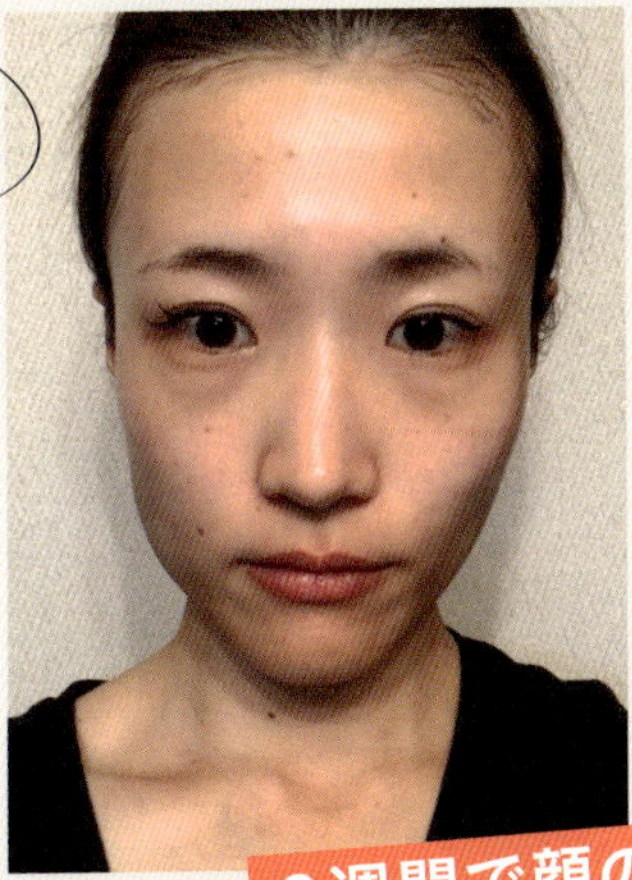

1st day

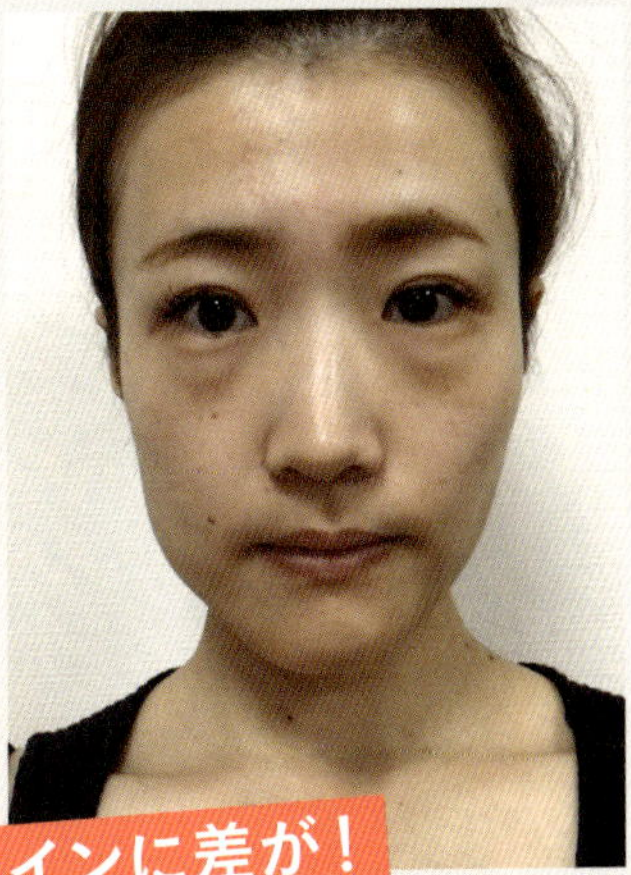

小顔って、
いっても
いいかな？

2週間で顔のラインに差が！

たるみ
タイプ

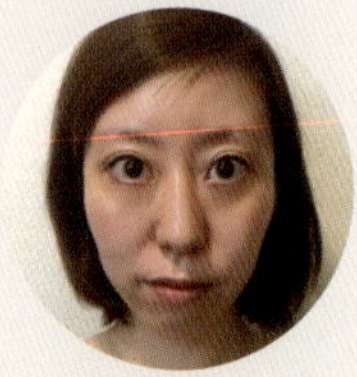

体験者
まいまいさん
29歳

二重あごのたるみ顔から「ヤセた?」と聞かれるスリム顔に

体重が増えたけど小顔効果で「ヤセ顔」に

まいまい むくみ・くま・毛穴の黒ずみ・二重あごが気になっていました。

千波 頭皮がむくんでいましたね。「魔法の顔ほぐし」はどうでした?

まいまい 初めはめちゃくちゃ痛かったです。慣れると気持ちよくて。

千波 変化を感じたのはいつから?

まいまい 実感したのは2週間たってから。目元がスッキリしてきたかなって。でもその前から、人に「ヤセた?」っていわれるようになって。実は少し体重は増えていたんですが、顔の印象は大きいですね。

千波 続けるのが苦手だったそうですけど、どうやって継続しましたか。

まいまい 主に職場でやっていました。会議中などにコソッと頭をモミモミ、顔を触って、首を流して。

千波 二重あごが改善されて、頬の厚みも取れたのでホントヤセて見える。5歳くらい若返って見えます。

まいまい ありがとうございます(笑)。これからも続けます!

[BEFORE]

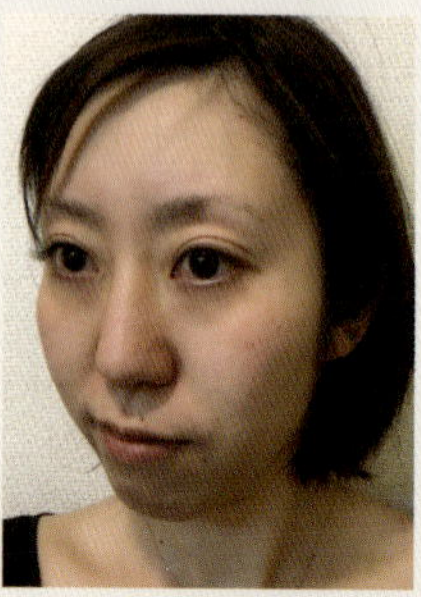

[AFTER]

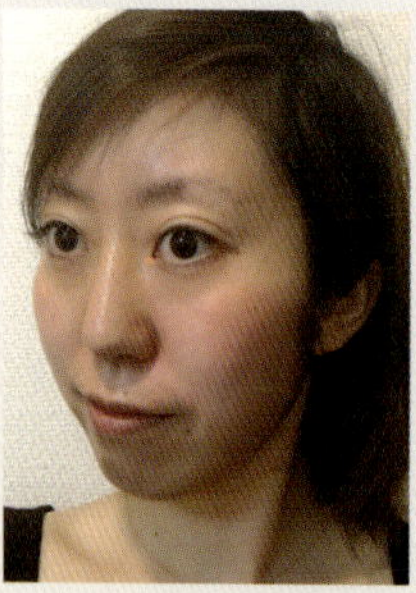

厚み
タイプ

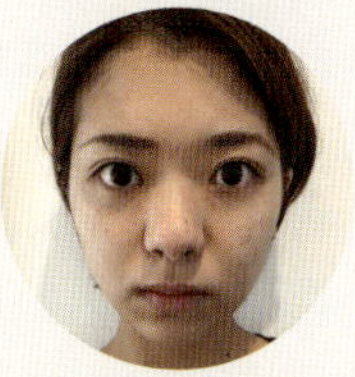

体験者
tomoさん
28歳

正面から見ると普通。でも横顔は厚くたるんでいた！

朝・洗顔、夜・お風呂「ついで」でも小顔成功

tomo 私も千波さんと同じトレーナーをしていて、体には自信があったんです。だから横顔の自撮りを見たときはビックリ。こんなにあごが膨らんで垂れていたなんて……。

千波 正面から見るとむくみが見えないのが「厚み顔」の特徴です。リンパ液を流すために、顔以外にも、首・鎖骨を流すことをオススメしました。

tomo 最初はあごのラインや、鎖骨あたりが詰まっていたのか、痛みました。でも初日から顔が変わって。

千波 元から目が大きいけど、さらに力強い目元になりましたよね。

tomo 顔のトーンが明るくなったっていわれます。セルフマッサージをして良かったのは、食事も見直すきっかけになったこと。小顔を目指しているんだから、塩分も気を付けようと。顔がスッキリしていると1日のスタートがハッピーです♥

千波 朝は洗顔、夜はお風呂のついで。〝ながら〟が成功のカギですね。

[BEFORE]

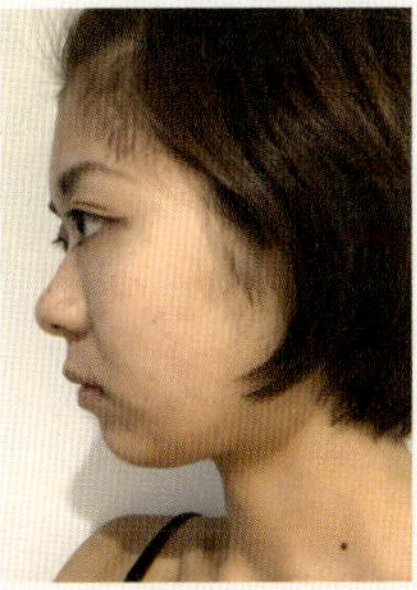

[AFTER]

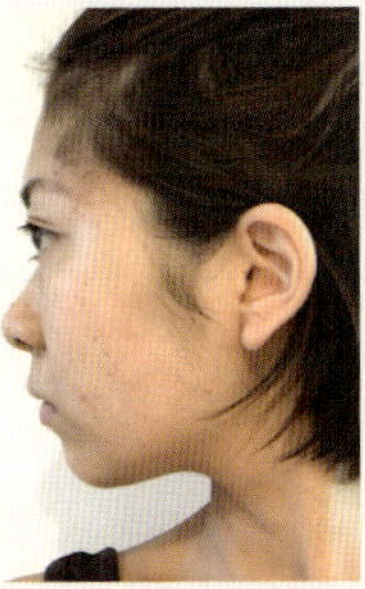

＼むくみの原因は食事に／

前日の食事が翌朝のむくみの7割をつくる

ビッグフェイスの主な原因は、「塩分」「添加物・加工品」「お酒」「ストレス」「糖質」の5つ。ヤセてもなかなか小さくならなかった顔だって、体の一部です。体はすべて食べ物からできているので、食を変えれば小顔に近づきます。5つの原因を順番に見ていきましょう。

私たちの体には、塩分を一定の濃度に保つ機能があります。そのため、塩分を摂り過ぎると、上昇した細胞内のナトリウム濃度を薄めようとして水分を蓄えてしまうのです。また、添加物・加工食品は消化・分解されづらく、内臓に負担がかかってむくみやたるみの原因になります。

一方、内臓の機能を下げるものといえば、お酒があります。お酒を飲むときは、ついつい一緒に塩分や水分を摂り過ぎてしまうからです。

なお、食事とは離れますが、ストレスも見過ごせません。心的負荷がかかると副腎から分泌されるコルチゾールが、水分代謝を下げるからです。

最後に糖質ですが、消化分解の過程でビタミンが不足する、胃腸を荒らすなど諸説あり、一概にはいえません。ただ、実際に甘いものや炭水化物を摂り過ぎた翌朝は、顔も体もパンパンだと実感することが多いので、私はなるべくやめています。小顔になりたければ、これら5つの原因をなるべく遠ざけることを心がけるといいでしょう。

私は「肌は内臓の鏡」だと思っています。小顔や美肌のためには食生活を正せばいいとわかってはいても、どうしてもコンビニ弁当などで済まさざるを得ないこともあるかもしれません。そんなときは、野菜だけでも意識的に多く摂るようにしてみて。これだけでも結構変わりますよ。

魔法の
顔ほぐしのコツ!

むくみは「できる前」に予防
代謝を悪くするものを口にしない

首、肩、そけい部、そして足首。千波のあたためテク

私が「魔法の顔ほぐし」に加えて毎日欠かさず行っていることの1つに、「体をあたためること」があります。レンジでチンできるカイロやあたためたタオルを載せて寝るのです。

カイロを載せるのは「頭の上」「首・肩まわり」「そけい部」「足首」の4か所。頭皮や首、肩がジンワリとあたたまって、疲れているときはとくに、頭皮や首、肩の血流が良くなるだけでも顔のくすみ改善効果があります。

足の付け根である「そけい部」をあたためるのは、太い血管やリンパ管が通っているから。ここをあたためるだけでも全身の血流がグンとUPします。冷えはダイエットおよび美容の大敵です。

このあたため睡眠、思わぬ副次効果がありました。寝付きが良くなるのです。私は過激なダイエットで自律神経が乱れ、不眠症でした。ところが、寝るときにカイロを使ってぐっすり眠れるようになりました。目覚めもスッキリです。

4

Mind & Beauty

キレイを引き寄せる考え方
マインド×ビューティ

「ダイエット（美容）はメンタルと密接につながっている」

というのが、私の信条。

マインドケアなくして、美を求めることはできません。

だって、幸せのないところに美はないのだから。

ほっとひと息、ついてくださいね。

「今日からモテモテだ♥」と好印象になる暗示をかけてみる

「モテる」って、すごく魅力的な響きですよね。みんな、当然モテたい。モテたくない人なんて、いないと思います。

この場合のモテるって、なにも異性にモテることだけではありません。同性はもちろん、子どもや、おじいちゃん、おばあちゃん、あらゆる〝人〟をも「引き寄せる力」があるということ。この力が、人だけではなく、運気や「なりたい自分」をも、最終的には引き寄せるのです。

なぜって、生きていくのに必要な、仕事、夢、情報などは、すべて〝人〟が運んでくるものだからです。その〝人〟は、異性とは限りませんよね。〝人〟を介したいろいろなご縁がつながることは、とても大切なこと。そう、〝ご縁からモテること〟こそ、私が目指す〝モテ〟なのです。

実は私、ダイエットに成功しても、まったくモテませんでした。

ある日、知人と話していて「千波さんっていつも自分がモテないっていっているよね」といわれて、そこでハッと気づいたのです。自分自身が、モテない状況を引き寄せているということに——。

それからです。私が「今日からモテモテだ」と自分に暗示をかけるようになったのは。やってみてわかった。これは本当に魔法の言葉です。

朝、家を出る前に、鏡の前で「私はモテモテだ」と唱えてみましょう。そして、自分がモテているイメージを具体的に思い描いてみるのです。それだけで、なんだか背筋も伸びて、さっそうと歩ける気がしませんか？

たとえ、「モテない」じゃなくても、今の自分に対して「ブスだ」「イヤだ」と思っている人は、どんなにキレイでも、幸せではないですよね。「イヤだ、イヤだ」と思っているときの顔って、笑顔にもなれないし、輝くオーラなんて、出るはずもありません。

でも、大丈夫です。これから、変わっていけばいいのだから。

自分磨きを楽しんで、「モテる自分って、どんな自分かな」とワクワクしながらイメージして、今日からその自分になった意識で過ごしてみてください。それだけでも表情が明るくなり、背筋がピン！　と伸びて、オーラがキラキラと輝き始めるはずです。

人と比べて落ち込まない！うらやましいと思ったらマネをする

美容家として、私がクライアントの皆さんに禁止していることは「人と比べること」です。「あの人と比べると、私は太っている」「顔が大きくてみっともない」……こういう比べ方は、落ち込む一方で、なに1つ、あなたの背中を押してくれません。人は1人ひとり、違う人間なのです。背の高い人もいれば低い人もいる。それに、ダイエットや美容に取り組み始めたスタート地点も違う。効果の現われ方も、もちろん違うでしょう。

美人はうらやましい、それは確かに、みんなそう思うでしょう。けど、あなたがキレイだと思う人たちは皆、寸分に狂いのない顔をしているでしょうか。そうではないと思います。だって、「美」に正解はないのだから。

私も、美容家の集まりなどに仕事で行くことがあると、本当にキレイな人が多くて圧倒されます。けど、そういう人たちだって、パーツが完ペキに整っているかというと、決してそうではありません。彼女たちを輝かせているのは、笑顔だったり、自分らしい生き方だったり、むしろ内面からにじみ出ているものだったりします。そして、忘れてはいけないのは、キレイな人は、それだけ自分に手を掛けているという事実。つまり、キレイな人の存在そのものが「ちゃんと手を掛けたぶんの成果は出る」というなによりの証拠になるのです。

これって、励みになりませんか？　そういう人たちと同じように輝きたいと思ったら、キレイな人が努力していること、毎日やっていること、考え方などをマネする——どうせ比べるならそういう比べ方がいいと思うのです。

私は無理なダイエットで20キロヤセたときも「マッチ棒といわれるほど、顔がデカいから」などと、自分に0点をつけていました。「ヤセる」という目標をクリアしても、自分がうらやましいと思う人と比べて自信が持てないままだったのです。

「うらやましい人」と比べるのがちっともいいことではないと気づいてから、私は、どうせ比べるなら、その対象は「過去の自分」と決めています。そうすると、成長している自分に目を向けることができるからです。例えばセルフマッサージが続いている、美容の知識が増えた、など。がんばっている自分を褒めてあげる——そのほうがずっと、自分のプラスになります。

どうしてもモヤモヤしたら高いところへ行ってみよう

悩んだり、落ち込んだりして「魔法の顔ほぐし」どころじゃない！　という気分になっているときって、本当にしんどいですよね。そんなとき私は、まず自分がなんでこんなにモヤモヤしているのか、その正体を見極めようとします。無理に自分の気持ちにフタをして、見ないフリをしても、モヤモヤはずっと心の奥底に残ったままだからです。

ネガティブのスパイラルに入っているときって、すごく視野が狭くなっていて、自分の悪いところしか見えなくなっているもの。客観視できなくなっているんですよね。必要以上に自分にダメ出しをしたり、悩んでも仕方のないことを悩んでいたり、それが積み重なるほど、自分に自信がなくなっていきます。そうなる前に、まず、なぜ落ち込んでいるのか、１つ残らずすべてノートに書き出してしまいます。そうして少し引いてみると、それ以上悩んでも仕方ないっていうことがわかってくるので、考えるのを止めることができます。

さらに、自分を客観視するために、「高いところ」へ行きます。これ、実はとっておきの方法。例えば大阪を一望できる展望台、東京なら高層ビルのカフェ。そこから数え切れないくらいの建物や人、景色の広がりを見てみると「これだけの家があって、これだけの人が生きていて、それぞれの価値観がある。それに、こんなに小さい。私だって、そのなかの1人にすぎないのに、大きな悩みを抱えている気になって……。ちっとも、たいしたことではなかったのに」と思えてきます。

高いところから景色を眺めていると、不思議と人生レベルで物事が判断できるようになるものです。今、自分がモヤモヤしていることは、人生という長い目で見た場合、どの程度の重さなのか。気持ちがネガティブになると、まるで悲劇のヒロインのように、過剰に〝不幸〟だと思いがちですが、上から眺めたときの人間の小ささから、自分の悩みも小さく見えるという物理的、視覚的な効果があるのです。

行き詰まったときは、ぜひ、試してみてください。たいしたことないな、と思えたら、自然に笑顔も明るくなるはずです。

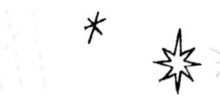

自分を否定せず、「絶好調♥」をログセに

モヤモヤの正体を見極め、客観視して「あぁ、ちっぽけなことで悩んでいたな」と思えたら、次は自分を〝ポジティブモード〟に切り替えていきましょう。そのためには、まずは身のまわりの「感謝できること」「満ち足りていること」をかたっぱしから書き出していきます。私はこれを、「感謝ワーク」と呼んでいます。

人はどうしても「不満」や「足りないこと」ばかりに目がいきがちです。それが原因でモヤモヤすることも、少なくありませんよね。でも「不満」や「足りないこと」にとらわれてしまうと、どこまでいっても満たされない。ないものは最初からないのだとあきらめて、身のまわりにある「満ち足りていること」に目を向けて「感謝する」習慣に切り替えていきましょう。

例えば、家族が元気でいてくれていること。仕事があって、ほしい服や物を買えること。支えてくれる友人や恋人の顔が浮かぶ人もいるでしょう。書

き出していけばいくほど、心が満たされて、ネガティブな気持ちが消えていくのを感じるはずです。そしてさらにポジティブ・スパイラルに持っていくために、気分をアップさせる言葉を積極的に使っていくのです。

言葉って、ものすごい力を持っています。「どうせ」「無理」「ブス」。こういう言葉ばかり使っていたら、気分はどんどん下がります。モチベーションも下がり、なにもかもやる気が起こらず、ずーっとイライラ、モヤモヤ。これが、ネガティブ・スパイラルです。

では逆に、プラスの言葉を使うとどうでしょうか。「私はモテモテ」もそうですが、最近の私のお気に入りのフレーズは「結局、うまくいく」と「絶好調」の2つ。掃除機をかけたりしながら「絶好調っ！　絶好調っ～♥」と叫んでいるのですが、そんなくだらないことをやっている自分にも笑えてきます。きっと、見ている家族も笑顔になっているはず。

朝から笑って、楽しい気分でいれば、どんどんいいことを引き寄せられます。遊び感覚で気分転換ができて、いいことを引き寄せられたら、これほどお手軽でラッキーなことはありません。早速今日から、今あるものに目を向けて、プラスの言葉にチェンジしていきましょう！

ワクワクする目標をつくってチャレンジの過程も楽しもう

昔、ムリなダイエットに奔走していた頃、ワクワクすることの大切さを知らずに取り組んでいました。だからヤセても満たされず、リバウンドも多かったのだと、今ならわかります。

ワクワクしていて楽しいときって、いろいろなことに前向きに取り組めますよね。だったら、ワクワクするような状況を、自分で意図的につくってしまえばいいのです。

オススメは、スペシャルデーと目標を設定すること。わかりやすい例でいえば「ウェディングドレスを着るまでに小顔になる」とか「同窓会までにリフトアップする」とか。スペシャルデーに輝く自分を想像すれば、「魔法の顔ほぐし」もはかどるはず。

「もう結婚しているし、同窓会も最近はないし」なんていう人は、自分の生活のなかで、できる範囲でスペシャルデーをつくっちゃいましょう。旦那さ

んとちょっといいレストランにオシャレして行くとか、ライブに顔を出したり、尊敬できる人、好きな人に会ったり。旅行へ行くのも、出先ではたくさん写真を撮りますから、美容に対するモチベーションアップにつながります。

美容グッズをそろえることも、モチベーションアップにつながるかもしれません。私は美容グッズを集めるのが好きなのですが、たいてい、いい値段がするもの。でも「これを毎日使えばキレイになれる」「買ったからにはがんばろう！」などと考えれば続けることができるので、そういう気持ちを利用しています。美容の基本は毎日続けることですが、続けるには結構、強い意志が必要ですからね。

もう1つ、モチベーションを保つ方法をお伝えしましょう。それは、スペシャルデーはもちろんですが、なにも起こらない1日1日も、大切に過ごすことです。そのためには、自分のために花を買ったり、新しいコスメを買ったり、ちょこちょこ工夫をすることが大切です。

誰のために小顔になるかっていったら、自分のためですよね。だからこそ、小さくても目標を達成すると自己肯定感も高まります。そうして楽しみながら自分磨きを続けていきましょう。

終わりがないからどこまでも成長できる変わり続けられるってステキなこと

美容には、終わりがありません。１つなにかを達成したら、今度は別のなにかが気になり始めます。それに、少しサボっただけでも、結果が現われにくくなる。美容は、家事と同じ。せっかく部屋を片づけても家族が散らかせばすぐに元通り。毎日がスタートラインなんですよね。ちょっとしたことで振り出しに戻ってしまうのだから、完ペキを求めるとストレスになってしまいます。それを避けたいなら、目標はゆるく設定することです。

ちょっと表現が悪いかもしれませんが、私はよく、こんな言葉を口にします。「どうせ、いつか死ぬんだから」。人はなにも持たずして生まれてきて、死ぬときもまたなにも持たずして死んでいくのです。わけもわからずに生まれて、死ぬときだって選べません。それでも人は、誰かの人生を生きることはできません。自分の人生しか味わえないのです。だったら苦しい思いをするより、できるだけ楽しく生きたい。そう思いませんか？

私は「楽しく生きるために生まれてきた」のだと思っています。がんばることももちろん大切だけど、結果、自分を追い込み、責めてしまっては台無しです。みんな、真面目で、自分に厳し過ぎるのです。

でも、どうですか？　完ペキじゃないと、ダメですか？　例えば子どもやペットって、1人ではなにもできなくて、手がかかります。それでも愛せる。悪いことをしたって許せる。でも、みんな自分自身のことになると、すごく厳しくて否定的になってしまう。

もっと、おおらかでいいんです。例えば、どんなに小さくたって、1つの目標を達成したら、それはそれで素晴らしい。でも、満足できない人には「終わりがないからこそ、成長し続けられる」ということをわかってほしい。

どんなに小さな目標でも、達成できたのなら、あなたには「変わる力」がじゅうぶんにあるということ。だから、自信を持って、また次のステージへとチャレンジすればいいのです。これをくり返すことで、どんどん美しさや理想を叶えた自分になっていきます。豊かな人生や幸せ、自分磨きには限界がありません。果てしなく見えるけど、どこまでも成長し続けられる余地があると思えば、ワクワクしてきませんか？

5

Leg Massage

下半身太り 外張り脚

土偶女子のための「魔法の脚ほぐし」

セルフマッサージでダントツ変わる部位の2つ目は、なんと脚! すらりとキレイな長い脚、憧れますよね。「魔法の脚ほぐし」の土台部分を、ここでご紹介しちゃいます♥

セルフマッサージで効果を実感できる部位

第2位は、「脚」だと思います！

美容家としての活動を続けていて、セルフマッサージの大切さを知りました。人の体って本当に、手を掛けると変わるんですね！

セルフマッサージで効果を実感できる部位のダントツは顔！　ということを、本書の最初にお伝えしましたが、実は脚への効果も絶大！　ダイエットでは部分ヤセはできませんが、ヤセにくい部分をヤセやすくすることならできます。名付けて「魔法の脚ほぐし」です。今回は、ほんの入口ですが、一部紹介することにしました。

起きてから寝るまで体を起こしているため、いちばん下にある脚には水分が集中しやすく、疲れやすい部位です。だからこそめぐりを良くすることで変化がわかりやすく、コリもほぐすことができるセルフマッサージが有効なのです。

\ 脚ヤセを叶える“脚ほぐし” /

外張り脚はむくみやすい土偶体型女子は損している！

ヤセていても顔だけ大きかった私が「マッチ棒」なら、上半身がスリムでも太ももが外側に張り出している体型は「土偶体型」。なぜこんないい方をするかというと、特徴を捉えること、危機感を持ってもらうことが、モチベーションアップの方法でもあるからです。

さて、なぜ、ヤセていても「土偶体型」になるのか。それは、脚の外側には血管がそもそも少ないということが挙げられます。血管が少ないということは、冷えやすく、むくみやすいということ。触ってみるとわかりますが、脚の内側に比べて外側は冷たく感じませんか？　冷たいということは、当然血行やリンパ液などの流れが悪くなっているということ。結果、流れが悪いため筋肉が「張る」、そして筋肉が「硬くなる」＝「コリ」も出てきます。「張り」「コリ」は食事制限だけでは改善されません。体重が減っても、脚の外側だけ盛り上がって見えてしまいます。逆にいうと、外側に張り出した部分をもみほぐせば、「張り」「コリ」が改善されるということ。

今回ご提案する「魔法の脚ほぐし」では、とくに、この血管の少ない外張り脚を解消するための方法をご提案します。脚全体に関しては、まだまだ改善の余地がありますので、今後も追求していこうと思っています。

ちなみに土偶体型は、コリや血流だけが原因ではありません。姿勢、歩き方も影響しています。特にO脚で、脚の外側の筋肉ばかりを使って歩いている人は土偶体型になりやすいといえます。その場合でも、外側の筋肉をほぐすことがきっかけで、脚の筋肉の使い方を変えることができます。

魔法の
顔ほぐしのコツ！

血管の少ない脚の外側をほぐすことがスラッとスリムな脚への最短ルート！

「魔法の顔ほぐし」の真実

外張り脚のセルライト解消にはやっぱりセルフマッサージ

脚の外側は、血管が少ないため「張り」やすく、「コリ」やすいとお伝えしましたが、もう1つのトラブルがあります。それは「セルライト」ができやすいということ。

セルライトとは、脂肪細胞やコラーゲン、老廃物が絡まって硬くなったもののこと。通常、脂肪細胞は燃焼しエネルギーへと変換されます。しかし血流が悪い脚の外側では、脂肪の代謝も悪化。また血流やリンパの流れが悪いと老廃物もたまりやすくなり、結果、セルライトとなります。

セルライトを解消するには、「ほぐす」しかありません。かたまりをほぐし、血流やリンパの流れに乗せます。セルライト解消にもほぐすことは大切なのです。

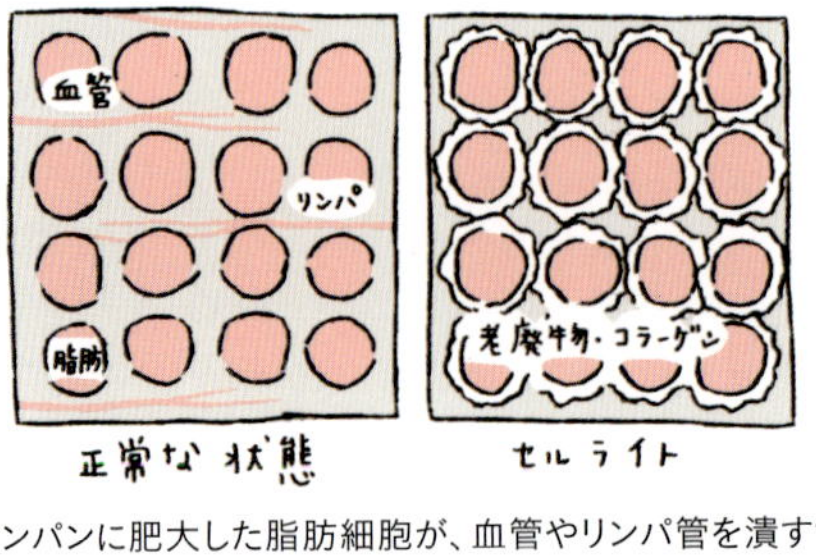

パンパンに肥大した脂肪細胞が、血管やリンパ管を潰すため、なかを通る血液やリンパ液が流れにくくなり、老廃物がたまった状態に。これがセルライトができるメカニズムです。

「魔法の顔ほぐし」の真実

外張りふくらはぎの原因はすねの前側のコリ

「魔法の脚ほぐし」では、外張り太ももの土偶脚だけでなく、ふくらはぎの張りにも有効。キーになる筋肉は前脛骨《ぜんけいこつ》筋と腓骨筋で、両方ともすねの前面にある筋肉です。

体重を外側にかけるクセがあると、この部分が硬くなり、ふくらはぎが外に張る原因になります。ふくらはぎの張りが気になる人は、ここも意識して揉みほぐすといいでしょう。次のページから紹介する「魔法の脚ほぐし」に前脛骨筋・腓骨筋ほぐしもありますのでチャレンジを。

また、外張りふくらはぎは、足首や足裏の柔軟性とも連動しているため、足首の関節を回すことや足裏のストレッチも合わせて行うことで、より改善されやすくなります。

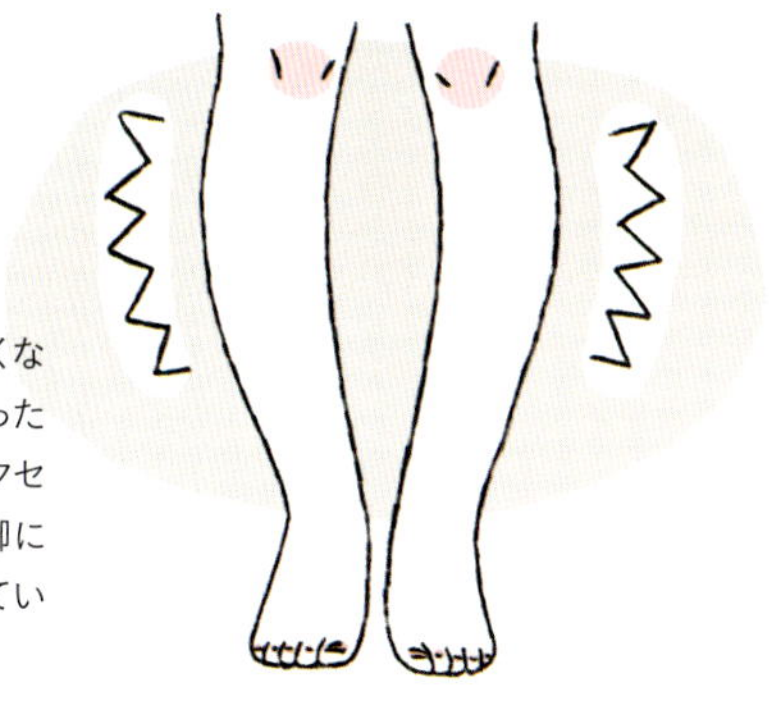

脚全体はそれほど太くないのに、しっかりと張ったふくらはぎ。歩き方のクセや生活習慣などで、脚に疲労がたまって凝っている人は要注意です。

Let's Care!

セルライト解消への近道

5分で変われる魔法の脚ほぐし

脚は顔より皮膚が厚いのですが、顔と同様、力む必要はありません。セルライトを解消するには多少の圧が必要ですが、意識すべきは、リンパ液の流れ。脚には、膝裏、そけい部にリンパ節があります。ここは潰すというよりは、「流す」という感覚で行ってください。脚は、夜にむくみやすいので、「魔法の脚ほぐし」は夜行うのがオススメ。クリームやオイルを使ってしっかりともみほぐして！

[STEP]
1

脚の最大のリンパ節
そけい部をほぐす

1

手はグーの形に
詰まりを解消するように

そけい部が詰まっていると、ぐりっとしたしこりのようなものができることもあります。痛くない程度に力を加えてゆっくりほぐして。グーがオススメですが、手を広げて手のひらの底を使っても、気持ちよく行えます。

30秒
押し流す

[STEP]

2

こぶしの凹凸を使って すね全体を押し流す

足の甲から膝へ
少し強めに全体を押し流す

手をグーの形にして、親指以外の第一関節を使います。足の甲から膝、太ももの付け根まで脚全体を少し強めの圧で押し流します。すねの脇やふくらはぎも丁寧に。

30秒
押し流す

[STEP]
3

膝下を強めに揉みほぐす

3

日中の疲れを しっかりと揉みほぐして

膝から下のすねは、中央を通る骨の左右とふくらはぎをしっかりと揉みほぐしましょう。足首の柔軟性の問題や歩き方でダメージを受けやすい部位です。

30秒
揉みほぐす

[STEP]

4

握るように揉みほぐす

外側と内側、少し力強く

膝から脚の付け根へ
ぎゅっぎゅっと揉みほぐす

太ももの外側に両手を置いて、握るように刺激を与える。手の位置は膝上から脚の付け根へとずらしていきます。力は気持ち強めに。同様にももの内側も両手を添えて握りながら、下から上へ移動させます。

30秒
揉みほぐす

[STEP]
5

ゆっくりさすり上げて
リンパ液を流す

足首から脚全体を
しっかりと付け根までさすする

足首を両手で包むようにし、すね、膝を通って脚の付け根まで。範囲が広いので力が入りやすいが、ここはサラッと流すイメージでOK。脚全体をなでる感覚で。

下から上へ
10回流す

おわりに

私はずっと、頭や顔の大きさは生まれ持ったものだから変えようがないと思っていました。ダイエットに成功してもパンパンの自分の顔がコンプレックスで、鏡に映る自分の顔を見るのも写真に写るのも大嫌いでした。

それが、「魔法の顔ほぐし」を毎日積み重ねることで少しずつ顔が変化し、今ではこうして、人から小顔ですねといっていただけるようにまでなりました。

私だけではなく、「魔法の顔ほぐし」を実践くださったたくさんの方からも、顔が小さくなった、肌の調子が良くなったなどのご報告をいただきます。

いちばん嬉しいのは、ただ顔が小さくなっただけではなく、その

方々が以前より素敵な笑顔になっていたり、前向きになっていたりすること。

外見がすべてではないけれど、少しでも外見が変われば少し自分に自信が持てるようになる。自信が持てるようになれば、前向きになる。前向きになれば、もっと自分磨きに励みたくなる。

そうすると、より理想の自分に近づき、人生を楽しむことができるようになる。

少し言葉がきついかもしれませんが、この本を読んで、終わり。だと今の自分を変えることはできません。誰もが、「小顔になったね」と褒められる日がくるという自信を持って書かせていただきました。だから、たった5分でもいい。毎日続けてみてください。

今後も、全国の女性が「自信がない」というマイナスな気持ちを捨てて、自分らしく楽しく生きるためのサポートができるように、自分自身のスキルも高めながらレッスンやメディアを通じてさまざまな美容情報を発信していきたいと考えております。

この本を手に取っていただき、心から感謝申し上げます。これをきっかけに外見も内面も、理想に近づき、もっと自分を楽しむことができますように。

小顔が止まらない!
魔法の顔ほぐし

著者　千波

2018年8月10日　初版発行
2020年9月10日　6版発行

発行者　横内正昭
編集人　青柳有紀

発行所　株式会社ワニブックス
〒150-8482　東京都渋谷区恵比寿4-4-9　えびす大黒ビル
電話　03-5449-2711（代表）
03-5449-2716（編集部）
ワニブックスHP　http://www.wani.co.jp/
WANI BOOKOUT　http://www.wanibookout.com/

印刷所　株式会社 光邦
製本所　ナショナル製本

本書で紹介した方法を実行した場合の効果には個人差があります。また、持病をお持ちの方、現在通院をされている方は、事前に主治医と相談の上、実行してください。

ISBN 978-4-8470-9697-6

STAFF

装丁・本文デザイン	木村由香利（NILSON）
イラスト	徳丸ゆう
撮影	長谷川梓
スタイリスト	福永いずみ
ヘアメイク	遊佐こころ
校正	深澤晴彦
取材・文	西澤まどか
編集	佐藤友美（ヴュー企画）

衣装協力／グラズ ヨガ レスピレ、AMERICAN HOLIC、
SEVENDAYS＝SUNDAY、YECCA VECCA

Magic Chinami

Chinami

Magic Chinami

Magic Chinami